KB213785

주님 생각

인물-1

황사무엘 지음

GlobalVisionAcademy

사도신경

–

나는 전능하신 아버지 하나님
천지의 창조주를 믿습니다.
나는 그의 유일하신 아들
우리 주 예수 그리스도를 믿습니다.
그는 성령으로 잉태되어
동정녀 마리아에게서 나시고,
본디오 빌라도에게 고난을 받아
십자가에 못 박혀 죽으시고,
장사된 지 사흘 만에 죽은 자 가운데서
다시 살아나셨으며,
하늘에 오르시어 전능하신 아버지 하나님
우편에 앉아 계시다가,
거기로부터 살아 있는 자와 죽은 자를
심판하러 오십니다.
나는 성령을 믿으며
거룩한 공교회와 성도의 교제와
죄를 용서받는 것과 몸의 부활과
영생을 믿습니다.
아멘.

'주님생각'은

'주님생각'이란 이름은 덕소에 위치한 동부광성교회(김호권 목사님)
청년 2부를 섬기면서 사사학교의 큐인(CU-IN) 세미나를 통해
배운 것을 청년부 실정에 맞게 접목하여 만들어
청년들과 함께 나누던 말씀묵상집에서 처음 사용되었습니다.
'주님생각'은 나를 향한 주님의 생각을 알아가고
하루의 삶 속에서 주님을 생각함으로 주님과 동행하는
하나님의 말씀이 삶을 통해 증명되어지는 거룩한 삶이 되어지기를 바라며
현재는 Global Vision Academy 말씀묵상집으로 사용되고 있습니다.

'주님생각'의 특징

● **'주님생각'은 한 본문으로 일주일 동안 묵상합니다.**
성취감이 아닌 나에게 들려주시는 하나님의 말씀에 충분히 귀를 기울일 수
있도록 합니다.
● **'주님생각'은 점진적으로 깊이있게 묵상합니다.**
'느낌 그려보기-말씀 그대로 보기-숨겨진 것 찾아보기-더 깊이 들여다보기
-말씀에로 삶을 끌어가기-말씀을 삶으로 증명하기'를 통해 깊이있게 묵상합
니다.
● **'주님생각'은 구체적이고, 실현가능하며, 점검가능한 적용을 지향합니다.**
묵상은 삶으로 연결되어야 합니다. 이를 위해서는 적용이 구체적이어야 하
고 실현가능해야 하고, 점검가능해야 합니다.
● **'주님생각'은 묵상과 적용을 함께 나눌 수 있도록 합니다.**
주님생각은 '말씀을 삶으로 증명하기'를 통해 묵상과 적용을 함께 나눔으로
서 더욱 풍성하게 합니다.
● **'주님생각'은 개인, 가정, 교회(구역, 사랑방, 셀 등), 직장, 학교 등 개인 및
다양한 공동체에서 활용 가능합니다.**

'주님생각'의 목적?

하나님의 말씀은 '길' 입니다.
하나님의 말씀은 진리입니다.
하나님의 말씀은 생명입니다.
하나님의 말씀은 능력입니다.
하나님의 말씀은 소망입니다.
하나님의 말씀은 사랑입니다.

하나님의 말씀을 통해 나를 향한 주님의 마음을 알고, 주님을 향한
내 마음을 정해 하나님의 말씀이 내 삶을 이기도록 하는 것입니다.

'주님생각' 사용법

사도신경을 읽으며 나의 신앙을 고백합니다.
하나님을 경배하고 찬양합니다.
성령님께서 말씀묵상 가운데 함께하시길 기도합니다.
말씀에 대한 이전의 생각과 경험을 내려놓습니다.
잘 아는 말씀일수록 더더욱 내려놓고 말씀 자체에 집중합니다.
본문 속에서 하나님의 마음과 하나님의 뜻을 알아갑니다.
나에게 말씀하시는 하나님의 음성에 귀를 기울입니다.
나에게 주신 말씀을 적용합니다. (구체적, 실현가능, 점검가능)
하나님께서 주신 말씀을 나눕니다.

"태초에 하나님이 천지를 창조하시니라."

창세기1:1

차례

말씀묵상

아담

말씀묵상 - 아담(창세기2:4-9,15-25)

감사일기1

날짜		날씨		

날짜		날씨		

☒ 감사제목

·
·
·

☒ 감사제목

·
·
·

날짜		날씨		

날짜		날씨		

☒ 감사제목

·
·
·

☒ 감사제목

·
·
·

말씀묵상 - **아담**(창세기2:4-9,15-25)

감사일기2

날짜		날씨		날짜		날씨	

⊡ 감사제목	⊡ 감사제목
. . .	. . .

날짜		날씨		🍎 한 주간 동안의 일을 정리해 보세요.

⊡ 감사제목	⊡ 한 주간 동안의 감사제목!!
. . .	. . .

4. 이것이 천지가 창조될 때에 하늘과 땅의 내력이니 여호와 하나님이 땅과 하늘을 만드시던 날에

5. 여호와 하나님이 땅에 비를 내리지 아니하셨고 땅을 갈 사람도 없었으므로 들에는 초목이 아직 없었고 밭에는 채소가 나지 아니하였으며

6. 안개만 땅에서 올라와 온 지면을 적셨더라

7. 여호와 하나님이 땅의 흙으로 사람을 지으시고 생기를 그 코에 불어넣으시니 사람이 생령이 되니라

8. 여호와 하나님이 동방의 에덴에 동산을 창설하시고 그 지으신 사람을 거기 두시니라

9. 여호와 하나님이 그 땅에서 보기에 아름답고 먹기에 좋은 나무가 나게 하시니 동산 가운데에는 생명 나무와 선악을 알게 하는 나무도 있더라

15. 여호와 하나님이 그 사람을 이끌어 에덴 동산에 두어 그것을 경작하며 지키게 하시고

16. 여호와 하나님이 그 사람에게 명하여 이르시되 동산 각종 나무의 열매는 네가 임의로 먹되

17. 선악을 알게 하는 나무의 열매는 먹지 말라 네가 먹는 날에는 반드시 죽으리라 하시니라

18. 여호와 하나님이 이르시되 사람이 혼자 사는 것이 좋지 아니하니 내가 그를 위하여 돕는 배필을 지으리라 하시니라

19. 여호와 하나님이 흙으로 각종 들짐승과 공중의 각종 새를 지으시고 아담이 무엇이라고 부르나 보시려고 그것들을 그에게로 이끌어 가시니 아담이 각 생물을 부르는 것이 곧 그 이름이 되었더라

20. 아담이 모든 가축과 공중의 새와 들의 모든 짐승에게 이름을 주니라 아담이 돕는 배필이 없으므로

21. 여호와 하나님이 아담을 깊이 잠들게 하시니 잠들매 그가 그 갈빗대 하나를 취하고 살로 대신 채우시고

22. 여호와 하나님이 아담에게서 취하신 그 갈빗대로 여자를 만드시고 그를 아담에게로 이끌어 오시니

23. 아담이 이르되 이는 내 뼈 중의 뼈요 살 중의 살이라 이것을 남자에게서 취하였은즉 여자라 부르리라 하니라

24. 이러므로 남자가 부모를 떠나 그의 아내와 합하여 둘이 한 몸을 이룰지로다

25. 아담과 그의 아내 두 사람이 벌거벗었으나 부끄러워하지 아니하니라

【월요일 말씀 묵상 - 느낌 그려보기】

말씀을 오감으로 느껴보는 시간입니다. 말씀을 생각하기보다 온몸으로 느껴보세요.

◎ 본문 말씀을 빠르게 읽은 후 답해보세요.

● 본문을 읽으며 느껴지는 감각을 오감으로 표현해 보세요.

시각 /

청각 /

미각 /

후각 /

촉각 /

● 나의 느낌을 따라 본문 말씀의 제목을 지어보세요.

◎ 본문 말씀을 3번 이상 "정독" 후 답해보세요.

● 본문 말씀 내에 등장하는 배역들과 숨겨진 배역들을 생각나는대로 써보세요.

● 아담이 세상에 처음 창조되었을 때 첫 느낌을 오감으로 표현해 보세요.

시각 /

청각 /

미각 /

후각 /

촉각 /

말씀에 내 생각을 보태거나 빼지 말고 말씀을 말씀 그대로 이해해 보세요.

◎ 본문 말씀을 3번 이상 "정독" 후 답해보세요.

1. 천지가 창조될 때 하늘과 땅의 내력은 어떠한가요(5-6절)?

들 /

밭 /

지면 /

2. 사람이 생령이 되기까지 누가, 무엇으로, 어떻게 하셨나요(7절)?

3. 하나님께서는 그 땅에서 보기에 아름답고 먹기에 좋은 나무가 나게 하셨습니다. 이렇게 아름답고 먹기에 좋은 나무가 나있는 동산 가운데에는 어떤 나무가 있었나요(9절)?

4. 하나님께서 아담을 에덴 동산에 두신 이유는 무엇인가요?

5. 하나님께서 아담에게 명령하신 것은 무엇인가요?

6. 하나님께서 사람이 혼자 사는 것을 좋지 않게 여기시고 아담을 위해 무엇을 지어 주시겠다고 말씀하시나요(18절)?

7. 하나님께서는 흙으로 각종 들짐승과 공중의 각종 새를 지으시고 아담이 무엇이라고 부르나 보시려고 그것들을 그에게로 이끌어 가십니다. 그 때 아담이 각 생물을 부르게 되는데 그 부르는 것이 무엇이 되었나요(19절)?

8. 아담이 돕는 배필이 없으므로 하나님께서 아담을 위해 어떻게 하셨나요(21-22절)?

  하나님께서 아담을 _____

      잠든 아담의 _____

      아담에게서 취하신 그 갈빗대로 _____

      돕는 배필을 아담에게로 _____

【수요일 말씀 묵상-숨겨진 것 찾아 보기】

말씀 속 인물들의 마음을 헤아려 보고, 본문의 앞 뒤 문맥과 상황들을 살펴보세요.

◎ 본문 말씀을 3번 이상 "정독" 후 답해보세요.

1. 하나님께서는 왜 땅의 흙으로 사람을 지으셨을까요?

2. 하나님께서 왜 동산 가운데에 생명 나무와 선악을 알게하는 나무를 두셨을까요?

3. 에덴 동산에서 혼자 살고있는 아담을 향한 하나님의 마음은 어땠을까요?

4. 하나님께서 창조하신 들짐승과 새들이 아담 앞으로 올 때 아담의 마음은 어땠을까요?

5. 아담이 들짐승과 새들을 부르는 모습을 보시는 하나님의 마음은 어땠을까요?

6. 아담을 위해 아담의 갈빗대로 '돕는 배필'을 만드실 때 하나님의 마음은 어땠을까요?

7. '돕는 배필'을 아담에게로 이끌어 가시는 하나님의 마음과 아담에게로 향하는 '돕는 배필'의 마음은 어땠을까요?

8. 아담의 갈빗대로 창조된 '돕는 배필'이 처음 아담을 만났을 때 어떤 마음이 들었을까요?

【목요일 말씀 묵상-더 깊이 들여다 보기】

본문의 내용을 정리하고, 비교하며, 심층적으로 분석하여 충실하게 하나님의 말씀을 묵상해 보세요.

◎ 본문 말씀을 3번 이상 "정독" 후 답해보세요.

1. 아담이 창조되기 전의 세상과 아담이 창조된 후의 세상을 비교해 보세요.

2. 하나님께서 아담을 에덴 동산으로 이끄시어 에덴 동산을 경작하며 지키도록 하신 때는 아담이 죄를 짓기 전인가요, 죄를 지은 후 인가요?

3. 하나님께서는 아담을 에덴 동산으로 이끄시어 에덴 동산을 경작하며 지키게 하십니다. 그렇다면 에덴 동산을 경작하며 지킴으로 얻어지는 소산은 아담의 것인가요, 아니면 하나님의 것인가요? 그 이유는 무엇인가요?

4. 하나님은 왜 아담이 혼자 사는 것을 좋지 않게 여기셨을까요?

5. 하나님께서는 첫 사람 아담을 창조하실 때 흙으로 만드셨습니다. 그런데 아담을 위한 '돕는 배필'을 만드실 때는 왜 흙이 아닌 아담의 갈빗대를 취하셔서 만드셨을까요?

6. "남자가 부모를 떠나 그의 아내와 합하여 둘이 한 몸을 이룰지로다."라는 말씀은 무슨 뜻일까요?

7. 아담과 그의 아내 두 사람이 벌거벗었으나 부끄러워하지 아니한 이유는 무엇 때문일까요?

【금요일 말씀 묵상-말씀에로 삶을 끌어가기】

나의 삶에 하나님의 말씀을 맞추지 말고, 하나님의 말씀에 나의 삶을 맞춰 보세요.

◎ 본문 말씀을 3번 이상 "정독" 후 답해보세요.

1. 하나님께서 아담을 창조하시고 에덴으로 이끄신 이유는 에덴 동산을 경작하며 지키게 하심으로 하나님의 나라를 이루어가시기 위해서였습니다. 그러면 하나님께서 '나'를 지금 이 시간, 이 곳, 이 공동체로 이끄신 이유는 무엇 때문일까요?

2. 에덴 동산을 경작하고 지키며 하나님의 나라를 이루어갈 때 아담에게 가장 필요한 것은 무엇이었을까요? 그리고 이 땅에서 경작하고 지키며 하나님의 나라를 이루어갈 때에 나에게 가장 필요한 것은 무엇일까요?

3. 하나님께서는 아담을 위해서 '돕는 배필'을 만드셨습니다. '돕는 배필'의 존재 이유와 삶의 목적은 아담의 부족한 부분을 잘 도와 하나님의 나라를 이루어가는 것입니다. 나는 어떤 '돕는 배필'을 구하며, 어떤 '돕는 배필'이 되도록 준비하고 있나요?

【토요일 말씀 묵상-말씀을 삶을 증명하기】 하나님의 말씀에 나의 삶을 맞춰 보세요.

※[참고] 가정에서 드리는 예배 순서 : 사도신경-찬송-기도(기도자)-말씀읽기/나눔-기도(합심/인도자)-주기도문

예배 준비 -인도자/예배자는 미리 예배를 준비합니다.	예배를 위한 기도 -인도자/기도자 미리 기도를 준비하세요!
□ 성경, 찬송 준비하기	
□ 기도문 쓰기	
□ 나눔 질문 미리하기	
□ 찬송가 _____장	

사도신경(개역개정)
사도신경을 보고 함께 읽으며 나의 신앙을 고백합니다.

말씀 -한 절씩 돌아가면서 읽습니다. 그리고 함께 하눕니다.

나눔 질문

· 말씀 속에서 가장 기억에 남는 장면은 무엇인가요?

· 말씀을 통해 깨닫게 된 것은 무엇인가요?

주기도문(개역개정)
- 함께 읽으며 기도합니다.

· 깨달은 말씀대로 살도록 적용해 보세요.
 (구체적으로, 실현 가능, 점검 가능)

□

□

□

하늘에 계신 우리 아버지,
아버지의 이름을 거룩하게 하시며
아버지의 나라가 오게 하시며,
아버지의 뜻이 하늘에서와 같이
땅에서도 이루어지게 하소서.
오늘 우리에게 일용할 양식을 주시고,
우리가 우리에게 잘못한 사람을
용서하여 준 것 같이,
우리 죄를 용서하여 주시고,
우리를 시험에 빠지지 않게 하시고
악에서 구하소서.
나라와 권능과 영광이
영원히 아버지의 것입니다.
아멘.

나눔 메모

【주일 말씀 묵상 – 하나님 말씀에 집중하기】
목사님을 통해 나에게 말씀하시는 하나님의 말씀에 집중해 보세요.

□ 제목 :

□ 본문 :   □ 설교자 :

설교내용	느끼고 깨달은 말씀
결론	**그러면 나는 어떻게 살 것인가?**
	□ □ □

말씀묵상

아벨

말씀묵상 - 아벨(창세기4:1-17)

감사일기1

날짜		날씨		날짜		날씨	

🔅 감사제목	🔅 감사제목
. . .	. . .

날짜		날씨		날짜		날씨	

🔅 감사제목	🔅 감사제목
. . .	. . .

말씀묵상 - 아벨(창세기4:1-17)

감사일기2

날짜		날씨		날짜		날씨	

▣ 감사제목	▣ 감사제목
· · ·	· · ·

날짜		날씨		🍎 한 주간 동안의 일을 정리해 보세요.

▣ 감사제목	▣ 한 주간 동안의 감사제목!!
· · ·	· · ·

이번 주 말씀 : 창세기 4:1~17

1. 아담이 그의 아내 하와와 동침하매 하와가 임신하여 가인을 낳고 이르되 내가 여호와로 말미암아 득남하였다 하니라
2. 그가 또 가인의 아우 아벨을 낳았는데 아벨은 양 치는 자였고 가인은 농사하는 자였더라
3. 세월이 지난 후에 가인은 땅의 소산으로 제물을 삼아 여호와께 드렸고
4. 아벨은 자기도 양의 첫 새끼와 그 기름으로 드렸더니 여호와께서 아벨과 그의 제물은 받으셨으나
5. 가인과 그의 제물은 받지 아니하신지라 가인이 몹시 분하여 안색이 변하니
6. 여호와께서 가인에게 이르시되 네가 분하여 함은 어찌 됨이며 안색이 변함은 어찌 됨이냐
7. 네가 선을 행하면 어찌 낯을 들지 못하겠느냐 선을 행하지 아니하면 죄가 문에 엎드려 있느니라 죄가 너를 원하나 너는 죄를 다스릴지니라
8. 가인이 그의 아우 아벨에게 말하고 그들이 들에 있을 때에 가인이 그의 아우 아벨을 쳐죽이니라
9. 여호와께서 가인에게 이르시되 네 아우 아벨이 어디 있느냐 그가 이르되 내가 알지 못하나이다 내가 내 아우를 지키는 자니이까
10. 이르시되 네가 무엇을 하였느냐 네 아우의 핏소리가 땅에서부터 내게 호소하느니라
11. 땅이 그 입을 벌려 네 손에서부터 네 아우의 피를 받았은즉 네가 땅에서 저주를 받으리니
12. 네가 밭을 갈아도 땅이 다시는 그 효력을 네게 주지 아니할 것이요 너는 땅에서 피하며 유리하는 자가 되리라
13. 가인이 여호와께 아뢰되 내 죄벌이 지기가 너무 무거우니이다
14. 주께서 오늘 이 지면에서 나를 쫓아내시온즉 내가 주의 낯을 뵈옵지 못하리니 내가 땅에서 피하며 유리하는 자가 될지라. 무릇 나를 만나는 자마다 나를 죽이겠나이다
15. 여호와께서 그에게 이르시되 그렇지 아니하다 가인을 죽이는 자는 벌을 칠 배나 받으리라 하시고 가인에게 표를 주사 그를 만나는 모든 사람에게서 죽임을 면하게 하시니라
16. 가인이 여호와 앞을 떠나서 에덴 동쪽 놋 땅에 거주하더니
17. 아내와 동침하매 그가 임신하여 에녹을 낳은지라 가인이 성을 쌓고 그의 아들의 이름으로 성을 이름하여 에녹이라 하니라

【월요일 말씀 묵상-느낌 그려보기】

말씀을 오감으로 느껴보는 시간입니다. 말씀을 생각하기보다 온몸으로 느껴보세요.

◎ 본문 말씀을 빠르게 읽은 후 답해보세요.

●본문을 읽으며 느껴지는 감각을 오감으로 표현해 보세요.

시각 /

청각 /

미각 /

후각 /

촉각 /

●나의 느낌을 따라 본문 말씀의 제목을 지어보세요.

◎ 본문 말씀을 3번 이상 "정독" 후 답해보세요.

●본문 말씀 내에 등장하는 배역들과 숨겨진 배역들을 생각나는대로 써보세요.

●하나님의 음성을 직접 듣는다면 어떤 느낌일까요?

말씀에 내 생각을 보태거나 빼지 말고 말씀을 말씀 그대로 이해해 보세요.

◎ 본문 말씀을 3번 이상 "정독" 후 답해보세요.

1. 아담이 아내 하와와 동침하여 누구를 낳았나요?(1-2절)

2. 여호와 하나님께서는 무엇과 무엇은 받으시고, 무엇과 무엇은 받지 않으셨나요?(4-5절)

3. 여호와께서 가인의 제물을 받지 않으셨을 때 가인은 몹시 분했습니다. 그때 하나님은 어떻게 말씀하셨나요??(6-7절)

4. 가인은 아벨을 어떻게 하나요?(8절)

5. 자신의 죄에 대한 벌이 너무 무겁다고 말하는 가인에게 하나님은 어떻게 해주시나요?(15절)

【수요일 말씀 묵상-숨겨진 것 찾아 보기】

말씀 속 인물들의 마음을 헤아려 보고, 본문의 앞 뒤 문맥과 상황들을 살펴보세요.

◎ 본문 말씀을 3번 이상 "정독" 후 답해보세요.

1. 최초의 여성이자 최초의 임산부로서 자녀를 임신하고 낳을 때, 하와의 마음은 어 땠을까요?

2. 자신의 제사를 받지 않으시는 하나님에 대한 가인의 마음은 어땠을까요?

3. 자신의 쌍둥이 형 가인에게 습격을 당할 때, 아벨의 마음은 어땠을까요?

4. 가인은 자신의 죄에 대해 하나님께 "내 죄벌이 지기가 너무 무거우니이다."라고 말합니다. 이때 가인의 마음은 어땠을까요?

5. 놋 땅으로 걸어가는 가인의 뒷모습을 지켜보시는 여호와 하나님의 마음은 어떠 셨을까요?

【목요일 말씀 묵상-더 깊이 들여다 보기】

본문의 내용을 정리하고, 비교하며, 심층적으로 분석하여 충실하게 하나님의 말씀을 묵상해 보세요.

◎ 본문 말씀을 3번 이상 "정독" 후 답해보세요.

1. 여호와는 왜 아벨과 아벨의 제사는 받으시고, 가인과 가인의 제사는 받지 않으셨을까요?

2. 하나님은 왜 가인에게서 아벨을 찾으셨을까요?

3. 본문 말씀의 초점은 왜 의인인 아벨에게 맞춰져 있지 않고 죄인인 가인에게 맞춰져 있는 것처럼 보입니다. 그 이유는 무엇일까요?

4. 하나님은 왜 가인에게 표를 주어 죽음을 면하게 하셨을까요?

5. 오늘 본문 말씀 중에 가장 중요한 장면은 어떤 장면인가요?

【금요일 말씀 묵상 – 말씀에로 삶을 끌어가기】

나의 삶에 하나님의 말씀을 맞추지 말고, 하나님의 말씀에 나의 삶을 맞춰 보세요.

◎ 본문 말씀을 3번 이상 "정독" 후 답해보세요.

1. 하나님께서 받으시는 예배는 어떤 예배일까요?

2. 가인과 아벨은 하나님께 예배를 드릴 때 삶으로(농사/목양) 예배를 드렸습니다. 나는 하나님께 예배를 드릴 때 언제, 어디서, 어떻게 예배를 드려야 할까요??

3. 하나님께서 나의 죄를 물으실 때 어떤 마음으로 죄를 물으실까요?
  그러면 나의 죄를 물으시는 하나님께 나는 어떻게 반응해야 할까요?

4. 내가 본문 말씀 속에서의 "가인"이라면 어떻게 했을까요?

【토요일 말씀 묵상–말씀을 삶을 증명하기】 하나님의 말씀에 나의 삶을 맞춰 보세요.

※[참고] 가정에서 드리는 예배 순서 : 사도신경-찬송-기도(기도자)-말씀읽기/나눔-기도(합심/인도자)-주기도문

예배 준비 -인도자/예배자는 미리 예배를 준비합니다.	예배를 위한 기도 -인도자/기도자 미리 기도를 준비하세요!
□ 성경, 찬송 준비하기 □ 기도문 쓰기 □ 나눔 질문 미리하기 □ 찬송가 _____장	

사도신경(개역개정)

사도신경을 보고 함께 읽으며 나의 신앙을 고백합니다.

말씀
-한 절씩 돌아가면서 읽습니다. 그리고 함께 하눕니다.

나눔 질문
· 말씀 속에서 가장 기억에 남는 장면은 무엇인가요?

· 말씀을 통해 깨닫게 된 것은 무엇인가요?

주기도문(개역개정)
- 함께 읽으며 기도합니다.

· 깨달은 말씀대로 살도록 적용해 보세요.
(구체적으로, 실현 가능, 점검 가능)

□

□

□

나눔 메모

하늘에 계신 우리 아버지,
아버지의 이름을 거룩하게 하시며
아버지의 나라가 오게 하시며,
아버지의 뜻이 하늘에서와 같이
땅에서도 이루어지게 하소서.
오늘 우리에게 일용할 양식을 주시고,
우리가 우리에게 잘못한 사람을
용서하여 준 것 같이,
우리 죄를 용서하여 주시고,
우리를 시험에 빠지지 않게 하시고
악에서 구하소서.
나라와 권능과 영광이
영원히 아버지의 것입니다.
아멘.

【주일 말씀 묵상 – 하나님 말씀에 집중하기】

목사님을 통해 나에게 말씀하시는 하나님의 말씀에 집중해 보세요.

□ 제목 :

□ 본문 :   □ 설교자 :

설교내용	느끼고 깨달은 말씀

결론	그러면 나는 어떻게 살 것인가?
	□ □ □

말씀묵상

에녹

말씀묵상-에녹(창세기5:1-32)

감사일기1

날짜		날씨		날짜		날씨	

▣ 감사제목	▣ 감사제목
·	·
·	·
·	·

날짜		날씨		날짜		날씨	

▣ 감사제목	▣ 감사제목
·	·
·	·
·	·

말씀묵상-에녹(창세기5:1-32)

감사일기2

날짜		날씨		날짜		날씨	

☒ 감사제목	☒ 감사제목
.	.
.	.
.	.

날짜		날씨		🍎 한 주간 동안의 일을 정리해 보세요.

☒ 감사제목	☒ 한 주간 동안의 감사제목!!
.	.
.	.
.	.

1. 이것은 아담의 계보를 적은 책이니라 하나님이 사람을 창조하실 때에 하나님의 모양대로 지으시되

2. 남자와 여자를 창조하셨고 그들이 창조되던 날에 하나님이 그들에게 복을 주시고 그들의 이름을 사람이라 일컬으셨더라

3. 아담은 백삼십 세에 자기의 모양 곧 자기의 형상과 같은 아들을 낳아 이름을 셋이라 하였고

4. 아담은 셋을 낳은 후 팔백 년을 지내며 자녀들을 낳았으며

5. 그는 구백삼십 세를 살고 죽었더라

6. 셋은 백오 세에 에노스를 낳았고

7. 에노스를 낳은 후 팔백칠 년을 지내며 자녀들을 낳았으며

8. 그는 구백십이 세를 살고 죽었더라

9. 에노스는 구십 세에 게난을 낳았고

10. 게난을 낳은 후 팔백십오 년을 지내며 자녀들을 낳았으며

11. 그는 구백오 세를 살고 죽었더라

12. 게난은 칠십 세에 마할랄렐을 낳았고

13. 마할랄렐을 낳은 후 팔백사십 년을 지내며 자녀들을 낳았으며

14. 그는 구백십 세를 살고 죽었더라

15. 마할랄렐은 육십오 세에 야렛을 낳았고

16. 야렛을 낳은 후 팔백삼십 년을 지내며 자녀를 낳았으며

17. 그는 팔백구십오 세를 살고 죽었더라

18. 야렛은 백육십이 세에 에녹을 낳았고

19. 에녹을 낳은 후 팔백 년을 지내며 자녀들을 낳았으며

20. 그는 구백육십이 세를 살고 죽었더라

21. 에녹은 육십오 세에 므두셀라를 낳았고

22. 므두셀라를 낳은 후 삼백 년을 하나님과 동행하며 자녀들을 낳았으며

23. 그는 삼백육십오 세를 살았더라

24. 에녹이 하나님과 동행하더니 하나님이 그를 데려가시므로 세상에 있지 아니하였더라

25. 므두셀라는 백팔십칠 세에 라멕을 낳았고

26. 라멕을 낳은 후 칠백팔십이 년을 지내며 자녀를 낳았으며

27. 그는 구백육십구 세를 살고 죽었더라

28. 라멕은 백팔십이 세에 아들을 낳고

29. 이름을 노아라 하여 이르되 여호와께서 땅을 저주하시므로 수고롭게 일하는 우리를 이 아들이 안위하리라 하였더라

30. 라멕은 노아를 낳은 후 오백구십오 년을 지내며 자녀들을 낳았으며

31. 그는 칠백칠십칠 세를 살고 죽었더라

32. 노아는 오백 세 된 후에 셈과 함과 야벳을 낳았더라

【월요일 말씀 묵상-느낌 그려보기】

말씀을 오감으로 느껴보는 시간입니다. 말씀을 생각하기보다 온몸으로 느껴보세요.

◎ 본문 말씀을 빠르게 읽은 후 답해보세요.

● 본문을 읽으며 느껴지는 감정을 감탄사가 들어간 문장으로 표현해 보세요.

● 나의 느낌을 따라 본문 말씀의 제목을 지어보세요.

◎ 본문 말씀을 3번 이상 "정독" 후 답해보세요.

● 본문 말씀 내에 등장하는 배역들과 숨겨진 배역들을 생각나는대로 써보세요.

● 죽지 않고 천국에 간다면 어떤 기분일까요?

【화요일 말씀 묵상-말씀 그대로 보기】

말씀에 내 생각을 보태거나 빼지 말고 말씀을 말씀 그대로 이해해 보세요.

◎ 본문 말씀을 3번 이상 "정독" 후 답해보세요.

1. 하나님은 사람을 창조하시고 그들에게 어떻게 하셨나요?(2절)

2. 아담의 계보를 완성하세요.

아담 - 셋 - (   ) - 게난 - 마할랄렐 - 야렛 - (   ) - 므두셀라 - 라멕 - (   )

3. 에녹은 언제부터 하나님과 동행하였나요?(22절)

4. 에녹의 아들인 므두셀라는 몇 살에 죽었나요?(27절)

5. 라멕이 자신의 아들의 이름을 "노아"라고 지은 이유는 무엇인가요?(29절)

【수요일 말씀 묵상-숨겨진 것 찾아 보기】

말씀 속 인물들의 마음을 헤아려 보고, 본문의 앞 뒤 문맥과 상황들을 살펴보세요.

◎ 본문 말씀을 3번 이상 "정독" 후 답해보세요.

1. 하나님께서 아담과 하와를 창조하시고, 그들에게 주신 복은 무엇일까요?

2. 왜 하나님께서는 에녹을 데려가셨을까요?

3. 므두셀라는 187세에 라멕을 낳았습니다. 라멕은 182세에 노아를 낳았습니다. 므두셀라가 969살이 되었을 때, 노아는 몇 살이었나요?(969-(187+182)= ?)

4. 29절에 여호께서 노아 때에 땅을 저주하셨다는 표현이 나옵니다. 하나님께서 땅을 저주하셨다는 표현의 의미는 무엇일까요?

5. 므두셀라의 뜻은 무엇인가요? 또 에녹은 왜 자녀의 이름을 그렇게 지었을까요?

【목요일 말씀 묵상-더 깊이 들여다 보기】

본문의 내용을 정리하고, 비교하며, 심층적으로 분석하여 충실하게 하나님의 말씀을 묵상해 보세요.

◎ 본문 말씀을 3번 이상 "정독" 후 답해보세요.

1. 에녹에게 주신 하나님의 특별한 복은 무엇인가요?

2. 죽는 것과 하나님이 데려가시는 것에는 어떤 차이가 있을까요?

3. 므두셀라의 뜻은 칼을 든 자 곧 심판자입니다. 실제로 므두셀라가 죽은 해에 지상에서는 홍수가 시작됩니다. 에녹이 자신의 아들을 심판자라고 부르는 것과 에녹이 므두셀라를 낳은 후 하나님과 동행한 것은 어떤 관계가 있을까요?

4. 므두셀라는 성경의 인물 중에서 가장 오래 살았던 인물입니다. 하나님께서 므두셀라의 임종까지 홍수를 유보하셨습니다. 이것을 통해 알 수 있는 하나님은 어떤 분이신 것 같나요?

5. 오늘 본문 말씀 중에 가장 중요한 장면은 어디인가요?

【금요일 말씀 묵상-말씀에로 삶을 끌어가기】

나의 삶에 하나님의 말씀을 맞추지 말고, 하나님의 말씀에 나의 삶을 맞춰 보세요.

◎ 본문 말씀을 3번 이상 "정독" 후 답해보세요.

1. 세상에 죽음이 임하여 아담과 셋과 에노스와 게난이 모두 죽어서 인간은 모두 죽는다는 것이 기정사실화 된 상황에서도 에녹은 하나님께서 직접 데려가십니다. 또한 에녹은 히브리서에서 많은 믿음의 선진들 중 한 사람으로 죽음을 보지 않고 하나님께서 데려가신 사람으로 소개되기도 합니다. 여전히 우리는 죽음의 세상 속에서 살아가고 있습니다. 이 죽음의 세상 속에서 그리스도인으로 살아가는 우리의 자세는 어떠해야 할까요?

2. 아담이 선악과를 보고 창조주 하나님을 떠올리고 스스로 피조물임을 자각했다면, 에노스 때에는 죽은 아담과 셋을 목격한 것이 하나님이 계시다는 큰 표징이 되었을 것입니다. 그것이 아담과 그 당시 사람들이 누렸던 복입니다. 오늘을 사는 나는 어떤 복을 누리고 있으며 어떤 복을 받고 싶나요?

3. 자녀의 이름을 므두셀라(칼을 든 자, 심판자 등)로 부른 에녹은 므두셀라를 낳은 후부터 늘 하나님을 의식하며 살았고 동행하였다고 성경은 전합니다. 나에게 하나님을 항상 자각할 수 있도록 도와주는 대상은 무엇인가요?

4. 에녹은 죽음을 겪지 않았고, 므두셀라는 홍수를 경험하지 않았습니다. 노아에게는 방주를 만들게 하셔서 그 징벌을 면하게 하십니다. 그리스도인은 하나님을 경험하는데 각자가 만난 하나님을 고백하며 살아갑니다. 그러면 나에게 있어서 하나님은 어떤 분이신가요? 왜 그런 하나님으로 고백하나요? 그런 하나님을 고백하는 나는 어떤 삶을 살아야 할까요?

【토요일 말씀 묵상-말씀을 삶을 증명하기】 하나님의 말씀에 나의 삶을 맞춰 보세요.

※[참고] 가정에서 드리는 예배 순서 : 사도신경-찬송-기도(기도자)-말씀읽기/나눔-기도(합심/인도자)-주기도문

예배 준비 -인도자/예배자는 미리 예배를 준비합니다.	예배를 위한 기도 -인도자/기도자 미리 기도를 준비하세요!
□ 성경, 찬송 준비하기 □ 기도문 쓰기 □ 나눔 질문 미리하기 □ 찬송가 _____장	
사도신경(개역개정)	
사도신경을 보고 함께 읽으며 나의 신앙을 고백합니다.	
말씀 -한 절씩 돌아가면서 읽습니다. 그리고 함께 하눕니다.	
나눔 질문 · 말씀 속에서 가장 기억에 남는 장면은 무엇인가요?	
· 말씀을 통해 깨닫게 된 것은 무엇인가요?	**주기도문(개역개정)** - 함께 읽으며 기도합니다.
· 깨달은 말씀대로 살도록 적용해 보세요. (구체적으로, 실현 가능, 점검 가능) □ □ □ 나눔 메모	하늘에 계신 우리 아버지, 아버지의 이름을 거룩하게 하시며 아버지의 나라가 오게 하시며, 아버지의 뜻이 하늘에서와 같이 땅에서도 이루어지게 하소서. 오늘 우리에게 일용할 양식을 주시고, 우리가 우리에게 잘못한 사람을 용서하여 준 것 같이, 우리 죄를 용서하여 주시고, 우리를 시험에 빠지지 않게 하시고 악에서 구하소서. 나라와 권능과 영광이 영원히 아버지의 것입니다. 아멘.

【주일 말씀 묵상 - 하나님 말씀에 집중하기】
목사님을 통해 나에게 말씀하시는 하나님의 말씀에 집중해 보세요.

□ 제목 :

□ 본문 :   □ 설교자 :

설교내용	느끼고 깨달은 말씀

결론	그러면 나는 어떻게 살 것인가?
	□ □ □

말씀묵상

노아

말씀묵상-노아(창세기 6:1-22)

감사일기1

날짜		날씨		날짜		날씨	

🔲 감사제목	🔲 감사제목
.	.
.	.
.	.

날짜		날씨		날짜		날씨	

🔲 감사제목	🔲 감사제목
.	.
.	.
.	.

말씀묵상-노아(창세기 6:1-22)

감사일기2

날짜		날씨		날짜		날씨	

▣ 감사제목	▣ 감사제목
. . .	. . .

날짜		날씨		🍎 한 주간 동안의 일을 정리해 보세요.

▣ 감사제목	▣ 한 주간 동안의 감사제목!!
. . .	. . .

이번 주 말씀 : 창세기 6:1~22

1.사람이 땅 위에 번성하기 시작할 때에 그들에게서 딸들이 나니

2.하나님의 아들들이 사람의 딸들의 아름다움을 보고 자기들이 좋아하는 모든 여자를 아내로 삼는지라

3.여호와께서 이르시되 나의 영이 영원히 사람과 함께 하지 아니하리니 이는 그들이 육신이 됨이라 그러나 그들의 날은 백이십 년이 되리라 하시니라

4.당시에 땅에는 네피림이 있었고 그 후에도 하나님의 아들들이 사람의 딸들에게로 들어와 자식을 낳았으니 그들은 용사라 고대에 명성이 있는 사람들이었더라

5.여호와께서 사람의 죄악이 세상에 가득함과 그의 마음으로 생각하는 모든 계획이 항상 악할 뿐임을 보시고

6.땅 위에 사람 지으셨음을 한탄하사 마음에 근심하시고

7.이르시되 내가 창조한 사람을 내가 지면에서 쓸어버리되 사람으로부터 가축과 기는 것과 공중의 새까지 그리하리니 이는 내가 그것들을 지었음을 한탄함이니라 하시니라

8.그러나 노아는 여호와께 은혜를 입었더라

9.이것이 노아의 족보니라 노아는 의인이요 당대에 완전한 자라 그는 하나님과 동행하였으며

10.세 아들을 낳았으니 셈과 함과 야벳이라

11.그 때에 온 땅이 하나님 앞에 부패하여 포악함이 땅에 가득한지라

12.하나님이 보신즉 땅이 부패하였으니 이는 땅에서 모든 혈육 있는 자의 행위가 부패함이었더라

13.하나님이 노아에게 이르시되 모든 혈육 있는 자의 포악함이 땅에 가득하므로 그 끝 날이 내 앞에 이르렀으니 내가 그들을 땅과 함께 멸하리라

14.너는 고페르 나무로 너를 위하여 방주를 만들되 그 안에 칸들을 막고 역청을 그 안팎에 칠하라

15.네가 만들 방주는 이러하니 그 길이는 삼백 규빗, 너비는 오십 규빗, 높이는 삼십 규빗이라

16.거기에 창을 내되 위에서부터 한 규빗에 내고 그 문은 옆으로 내고 상 중 하 삼층으로 할지니라

17.내가 홍수를 땅에 일으켜 무릇 생명의 기운이 있는 모든 육체를 천하에서 멸절하리니 땅에 있는 것들이 다 죽으리라

18.그러나 너와는 내가 내 언약을 세우리니 너는 네 아들들과 네 아내와 네 며느리들과 함께 그 방주로 들어가고

19.혈육 있는 모든 생물을 너는 각기 암수 한 쌍씩 방주로 이끌어들여 너와 함께 생명을 보존하게 하되

20.새가 그 종류대로, 가축이 그 종류대로, 땅에 기는 모든 것이 그 종류대로 각기 둘씩 네게로 나아오리니 그 생명을 보존하게 하라

21.너는 먹을 모든 양식을 네게로 가져다가 저축하라 이것이 너와 그들의 먹을 것이 되리라

22.노아가 그와 같이 하여 하나님이 자기에게 명하신 대로 다 준행하였더라

【월요일 말씀 묵상-느낌 그려보기】

말씀을 오감으로 느껴보는 시간입니다. 말씀을 생각하기보다 온몸으로 느껴보세요.

◎ 본문 말씀을 빠르게 읽은 후 답해보세요.

● 본문을 읽으며 느껴지는 감각을 오감으로 표현해 보세요.

시각 /

청각 /

미각 /

후각 /

촉각 /

● 나의 느낌을 따라 본문 말씀의 제목을 지어보세요.

◎ 본문 말씀을 3번 이상 "정독" 후 답해보세요.

● 본문 말씀 내에 등장하는 배역들과 숨겨진 배역들을 생각나는대로 써보세요.

● "노아"라는 사람을 생각할 때 가장 먼저 어떤 생각이 떠오르나요? 그리고 그 이유는?

말씀에 내 생각을 보태거나 빼지 말고 말씀을 말씀 그대로 이해해 보세요.

◎ 본문 말씀을 3번 이상 "정독" 후 답해보세요.

1. 사람이 땅 위에서 번성하기 시작할 때에 어떤 일들이 일어났나요?(1-2절)

2. 여호와께서는 이렇게 말씀하셨습니다. 빈칸에 들어갈 말씀을 본문에서 찾아 쓰세요.[새번역 3절]
"그러나 앞으로 내가 그들에게 120년 동안의 (   )을 주겠다.(현대인의 성경 3절)

3. 다음 말씀의 빈칸을 본문에서 찾아 쓰세요.
"여호와께서 사람의 (   )이 세상에 가득함과 그의 마음으로 생각하는 모든 계획이 (   ) 악할 뿐임을 보시고, 땅 위에 사람 지으셨음을 (   )하사 마음에 (   )하시고"(5-6절)

4. 3번과 같은 상황 속에서 여호와 은혜를 입었던 사람은 누구인가요?(8절)
그리고 그 사람은 어떤 사람이었나요?(9절)

5. 하나님께서는 온 땅이 하나님 앞에 부패하여 포악함이 땅에 가득함으로 모든 혈육 있는 자들을 땅과 함께 멸하시겠다고 말씀하시며, 새와 가축과 땅에 기는 모든 것의 암수 한쌍씩과 노아의 가족의 구원을 위해 방주를 만들 것을 명하십니다. 이 때 노아는 어떻게 반응하나요?(22절)

【수요일 말씀 묵상-숨겨진 것 찾아 보기】

말씀 속 인물들의 마음을 헤아려 보고, 본문의 앞 뒤 문맥과 상황들을 살펴보세요.

◎ 본문 말씀을 3번 이상 "정독" 후 답해보세요.

1. 하나님의 아들들이 사람의 딸들을 봤을 때 어떤 마음이 들었을까요?

2. 네피림으로 태어나 영웅으로 추앙받는 사람의 마음은 어떨까요?

3. 하나님께서 창조하시고 "보시기에 심히 좋았더라." 말씀하시며 기뻐하신 사람들을 향해 "내가 지면에서 쓸어버리되"라고 말씀하시는 하나님의 마음은 어떠실까요?

4. 하나님의 심판에 대한 계획을 듣고, 하나님께서 명령하신대로 방주를 만드는 노아의 마음은 어땠을까요?

5. 사람이 땅 위에 번성하고 영웅과 명성이 있는 사람들이 땅위에 많이 있었지만, 사람의 죄악이 세상에 가득한 이유는 무엇일까요?

【목요일 말씀 묵상-더 깊이 들여다 보기】

본문의 내용을 정리하고, 비교하며, 심층적으로 분석하여 충실하게 하나님의 말씀을 묵상해 보세요.

◎ 본문 말씀을 3번 이상 "정독" 후 답해보세요.

1. 하나님의 아들과 사람의 딸은 무엇이, 어떻게 다른가요?

2. 하나님께서는 "나의 영이 영원히 사람과 함께 하지 아니하리니 이는 그들이 육신이 됨이라."라고 말씀하십니다. "그들이 육신이 됨이라."는 무슨 뜻일까요?

3. 사람이 하나님 앞에 죄를 지었는데 하나님께서는 사람 뿐만 아니라 가축과 기는 것과 공중의 새끼까지 멸하시겠다고 말씀하십니다. 그 이유는 무엇일까요?

4. 노아가 하나님께 은혜를 입었던 이유는 무엇인가요?

5. 하나님은 방주 없이도 구원하실 수 있으심에도 불구하고 굳이 사람(노아)을 통해 방주를 120년 동안이나 만들게 하신 이유는 무엇일까요?

6. 오늘 본문 말씀 중에 가장 중요한 장면은 어디인가요?

【금요일 말씀 묵상 – 말씀에로 삶을 끌어가기】

나의 삶에 하나님의 말씀을 맞추지 말고, 하나님의 말씀에 나의 삶을 맞춰 보세요.

◎ 본문 말씀을 3번 이상 "정독" 후 답해보세요.

1. 하나님의 아들과 사람의 딸들이 결합했음에도 세상은 정화되기는커녕 오히려 죄악이 세상에 가득하게 되었습니다. 네피림이라고 불리는 영웅들과 명성이 있는 사람들이 있었지만 허사였습니다. 인간은 죄악을 해결할 수 없었습니다. 나는 인간의 죄를 해결하기 위해 무엇이 필요하다고 생각하나요?

2. 본문 속에서 인간의 모습은 죄에서 천천히 죽어가거나 홍수로 인해 멸절되는 것이었습니다. 하지만 하나님은 노아를 통해 인간에게 은혜를 주십니다. 나는 본문을 읽을 때, 심판에 집중하고 있나요? 아니면, 여호와 하나님이 주시는 은혜에 집중하고 있나요?

3. 하나님께서 인간의 날을 120년이 될 것이라고 말씀하셨으나, 노아는 600까지 죽지 않고 방주를 완성합니다.(창7:6) 방주를 통해 하나님께서 말씀하시는 것은 오래참고 기다리심입니다. 또한 노아를 통해 하나님께서 일하심입니다. 하나님께서는 나를 통해 무엇을 이루실 거라고 생각하나요? 또한 어떤 하나님이심을 드러내실까요?

4. 노아는 하나님의 말씀에 순종하여 방주를 지었습니다. 그리고 방주 속에 들어가서 살아남았습니다. 노아의 순종은 결국 누구에게 유익한 것인가요? 내가 하나님의 말씀에 순종할 때 그것은 누구의 이익이 되나요?

5. 하나님께서는 노아와 언약을 세우시고 그것을 지켜 실행하십니다. 하나님께서는 나와 어떤 언약을 맺으셨나요? 그리고 그 언약을 어떻게 하실 것 같나요? 그리고 난 어떤 삶을 살아야 할까요?

【토요일 말씀 묵상–말씀을 삶을 증명하기】 하나님의 말씀에 나의 삶을 맞춰 보세요.

※[참고] 가정에서 드리는 예배 순서 : 사도신경-찬송-기도(기도자)-말씀읽기/나눔-기도(합심/인도자)-주기도문

예배 준비 -인도자/예배자는 미리 예배를 준비합니다.	예배를 위한 기도 -인도자/기도자 미리 기도를 준비하세요!
□ 성경, 찬송 준비하기 □ 기도문 쓰기 □ 나눔 질문 미리하기 □ 찬송가 _____장	
사도신경(개역개정) 사도신경을 보고 함께 읽으며 나의 신앙을 고백합니다.	
말씀 -한 절씩 돌아가면서 읽습니다. 그리고 함께 하눕니다. 나눔 질문 · 말씀 속에서 가장 기억에 남는 장면은 무엇인가요?	
· 말씀을 통해 깨닫게 된 것은 무엇인가요?	**주기도문(개역개정)** - 함께 읽으며 기도합니다.
· 깨달은 말씀대로 살도록 적용해 보세요. (구체적으로, 실현 가능, 점검 가능) □ □ □ 나눔 메모	하늘에 계신 우리 아버지, 아버지의 이름을 거룩하게 하시며 아버지의 나라가 오게 하시며, 아버지의 뜻이 하늘에서와 같이 땅에서도 이루어지게 하소서. 오늘 우리에게 일용할 양식을 주시고, 우리가 우리에게 잘못한 사람을 용서하여 준 것 같이, 우리 죄를 용서하여 주시고, 우리를 시험에 빠지지 않게 하시고 악에서 구하소서. 나라와 권능과 영광이 영원히 아버지의 것입니다. 아멘.

【주일 말씀 묵상 – 하나님 말씀에 집중하기】

목사님을 통해 나에게 말씀하시는 하나님의 말씀에 집중해 보세요.

□ 제목 :

□ 본문 :   □ 설교자 :

설교내용	느끼고 깨달은 말씀

결론	그러면 나는 어떻게 살 것인가?
	□ □ □

말씀묵상

아브람

말씀묵상-아브람(창세기 12:1-20)

감사일기1

날짜		날씨		날짜		날씨	

📧 감사제목	📧 감사제목
· · ·	· · ·

날짜		날씨		날짜		날씨	

📧 감사제목	📧 감사제목
· · ·	· · ·

말씀묵상-아브람(창세기 12:1-20)

감사일기2

날짜		날씨		날짜		날씨	

☒ 감사제목	☒ 감사제목
.	.
.	.
.	.

날짜		날씨		🍎 한 주간 동안의 일을 정리해 보세요.

☒ 감사제목	☒ 한 주간 동안의 감사제목!!
.	.
.	.
.	.

1.여호와께서 아브람에게 이르시되 너는 너의 고향과 친척과 아버지의 집을 떠나 내가 네게 보여 줄 땅으로 가라

2.내가 너로 큰 민족을 이루고 네게 복을 주어 네 이름을 창대하게 하리니 너는 복이 될지라

3.너를 축복하는 자에게는 내가 복을 내리고 너를 저주하는 자에게는 내가 저주하리니 땅의 모든 족속이 너로 말미암아 복을 얻을 것이라 하신지라

4.이에 아브람이 여호와의 말씀을 따라갔고 롯도 그와 함께 갔으며 아브람이 하란을 떠날 때에 칠십오 세였더라

5.아브람이 그의 아내 사래와 조카 롯과 하란에서 모은 모든 소유와 얻은 사람들을 이끌고 가나안 땅으로 가려고 떠나서 마침내 가나안 땅에 들어갔더라

6.아브람이 그 땅을 지나 세겜 땅 모레 상수리나무에 이르니 그 때에 가나안 사람이 그 땅에 거주하였더라

7.여호와께서 아브람에게 나타나 이르시되 내가 이 땅을 네 자손에게 주리라 하신지라 자기에게 나타나신 여호와께 그가 그 곳에서 제단을 쌓고

8.거기서 벧엘 동쪽 산으로 옮겨 장막을 치니 서쪽은 벧엘이요 동쪽은 아이라 그가 그 곳에서 여호와께 제단을 쌓고 여호와의 이름을 부르더니

9.점점 남방으로 옮겨갔더라

10.그 땅에 기근이 있으므로 아브람이 애굽에 우거하려 하여 그리로 내려갔으니 이는 그 땅에 기근이 심하였음이라

11.그가 애굽에 가까이 이를 때에 그 아내 사래더러 말하되 나 알기에 그대는 아리따운 여인이라

12.애굽 사람이 그대를 볼 때에 이르기를 이는 그의 아내라 하고 나는 죽이고 그대는 살리리니

13.원컨대 그대는 나의 누이라 하라 그리하면 내가 그대로 인하여 안전하고 내 목숨이 그대로 인하여 보존하겠노라 하니라

14.아브람이 애굽에 이르렀을 때에 애굽 사람들이 그 여인의 심히 아리따움을 보았고

15.바로의 대신들도 그를 보고 바로 앞에 칭찬하므로 그 여인을 바로의 궁으로 취하여 들인지라

16.이에 바로가 그를 인하여 아브람을 후대하므로 아브람이 양과 소와 노비와 암 수 나귀와 약대를 얻었더라

17.여호와께서 아브람의 아내 사래의 연고로 바로와 그 집에 큰 재앙을 내리신지라

18.바로가 아브람을 불러서 이르되 네가 어찌하여 나를 이렇게 대접하였느냐 네가 어찌하여 그를 네 아내라고 내게 고하지 아니하였느냐

19.네가 어찌 그를 누이라 하여 나로 그를 취하여 아내를 삼게 하였느냐 네 아내가 여기 있으니 이제 데려가라 하고

20.바로가 사람들에게 그의 일을 명하매 그들이 그 아내와 그 모든 소유를 보내었더라

【월요일 말씀 묵상-느낌 그려보기】

말씀을 오감으로 느껴보는 시간입니다. 말씀을 생각하기보다 온몸으로 느껴보세요.

◎ 본문 말씀을 빠르게 읽은 후 답해보세요.

● 본문을 읽으며 느껴지는 느낌을 한 문장으로 표현해 보세요.

● 나의 느낌을 따라 본문 말씀의 제목을 지어보세요.

◎ 본문 말씀을 3번 이상 "정독" 후 답해보세요.

● 본문 말씀 내에 등장하는 배역들과 숨겨진 배역들을 생각나는대로 써보세요.

● "아브라함"하면 가장 먼저 어떤 생각이 떠오르나요? 그리고 그 이유는?

말씀에 내 생각을 보태거나 빼지 말고 말씀을 말씀 그대로 이해해 보세요.

◎ 본문 말씀을 3번 이상 "정독" 후 답해보세요.

1. 여호와께서 아브람에게 "너는 너의 고향과 친척과 아버지의 집을 떠나" 어디로 가라고 말씀하셨나요? 그리고 "내가 너로 큰 민족을 이루고 네게 복을 주어 네 이름을 창대하게 하리니 너는" 무엇이 될 것이라고 말씀하시나요?(1-2절)

2. 아브람이 여호와의 말씀을 따라갔고, 롯도 그와 함께 갔습니다. 아브람이 하란을 떠날 때의 나이는 몇 세 였나요?(4절)

3. 아브람이 가나안 땅으로 가려고 떠나서 마침내 가나안 땅에 들어갈 때 이끌고 간 것은 무엇인가요? 그리고 가나안 땅을 지나 어디에 이르렀고, 그 땅에 어떤 사람이 거주하였나요? (5-6절)

4. 여호와께서 아브람에게 나타나 "내가 이 땅을 네 자손에게 주리라."고 말씀하십니다. 이 때 자기에게 나타나신 여호와께 그가 그 곳에서 무엇을 했나요? 그리고 거기서 벧엘 동쪽 산으로 옮겨 장막을 쳤을 때 그 곳에서 아브람은 무엇을 했나요?(7-8절)

5. 가나안 땅에 기근이 들었으므로 아브람이 거류하러 간 곳은 어디인가요? 그 곳에 갈 때 아내 사래에게 어떤 당부를 하나요?(10-13절)

6. 아브람이 애굽이 이르렀을 때에 바로의 고관들이 사래를 보고 누구 앞에서 칭찬 하나요? 그리고 어디로 이끌어 들이나요?(15절)

7. 여호와께서 아브람의 아내 사래의 일로 바로와 그 집에 무엇을 내리시나요? 그리고 바로는 어떻게 하나요?(17-20절)

【수요일 말씀 묵상-숨겨진 것 찾아 보기】

말씀 속 인물들의 마음을 헤아려 보고, 본문의 앞 뒤 문맥과 상황들을 살펴보세요.

◎ 본문 말씀을 3번 이상 "정독" 후 답해보세요.

1. "너는 너의 고향과 친척과 아버지의 집을 떠나 내가 네게 보여 줄 땅으로 가라."고 말씀하시는 하나님의 마음은 어땠을까요? 그리고 이 말씀은 들은 아브람의 마음은 어땠을까요?

2. 75세의 나이로 하란을 떠나 "보여줄 땅"으로 향하는 아브람의 마음은 어땠을까요?

3. 여호와께서 약속하신 가나안 땅에 이르렀을 때 아브람을 향한 하나님의 마음과 하나님을 향한 아브람의 마음은 어땠을까요?

4. 하나님께서 약속하신 땅인 가나안 땅에 기근이 심하게 들었을 때 아브람의 마음은 어땠을까요? 그리고 약속하신 땅인 가나안 땅에 기근을 심하게 하신 하나님의 마음은 어땠을까요?

5. 심한 기근으로 인해 애굽으로 향하는 아브람의 마음은 어땠을까요? 그리고 함께 하는 사래의 마음은 어땠을까요?

6. 사래의 일로 인해 큰 재앙을 경험한 바로의 마음은 어땠을까요?

【목요일 말씀 묵상-더 깊이 들여다 보기】

본문의 내용을 정리하고, 비교하며, 심층적으로 분석하여 충실하게 하나님의 말씀을 묵상해 보세요.

◎ 본문 말씀을 3번 이상 "정독" 후 답해보세요.

1. 아브람이 머물던 하란과 여호와께서 가라고 하신 가나안 땅의 다른 점은 무엇인가요?

2. 심한 기근이 들었던 가나안 땅과 기름졌던 애굽은 어떤 차이가 있나요?

3. 아브람의 아내 사래와 아브람의 누이 사래는 어떤 차이가 있나요?

4. 아브람의 하나님과 바로의 하나님은 어떤 차이가 있나요?

5. 오늘 본문 말씀 중에 가장 중요한 장면은 어떤 장면인가요?

【금요일 말씀 묵상-말씀에로 삶을 끌어가기】

나의 삶에 하나님의 말씀을 맞추지 말고, 하나님의 말씀에 나의 삶을 맞춰 보세요.

◎ 본문 말씀을 3번 이상 "정독" 후 답해보세요.

1. 하나님께서는 75세 노인인 아브람과 불임 여성인 사래를 택하셔서 그들을 통해 큰 민족을 이룰 것임을 약속하십니다. 그러면 아브람과 사래를 통해 큰 민족을 이루시는 하나님께서 나를 부르셨다면 하나님께서는 나를 통해 무엇을 이루시기를 원하실까요?

2. 아브람은 하나님께서 보여주실 땅 가나안으로 들어가 그 땅에서 제단을 쌓고, 장막을 옮기는 그 곳에서도 여호와께 제단을 쌓고 여호와의 이름을 불렀습니다. 그런데 아브람은 불과 9절과 10절 사이에서 여호와께 제단을 쌓고, 여호와의 이름을 부르던 가나안 땅을 떠나 애굽으로 내려가게 됩니다. 그 이유는 기근 때문이었습니다. 혹시 나에게도 아브라함과 같은 모습이 있지는 않습니까? 그렇다면 나는 9절과 10절 사이에서 어떻게 해야 할까요?

3. 아브람은 심한 기근으로 인해 두려움을 느끼고 애굽으로 향하게 됩니다. 그리고 애굽으로 향할 때도 아리따운 여인인 아내 사래로 인해 자신이 애굽 사람들에게 죽임을 당할지도 모른다는 두려움으로 하나님 앞에 죄를 범하게 됩니다. 뿐만 아니라 이방 애굽 왕인 바로도 자신에게 내려진 재앙이 하나님께로부터 온 것인 줄 아는데 믿음의 발걸음을 옮겼던 아브람은 두려움으로 눈이 어두워져 하나님의 뜻을 분별하지 못하게 됩니다. 오늘을 살아가는 나를 두렵게 하는 것은 무엇인가요? 혹시 그 두려움으로 인해 하나님 앞에서 죄를 범하고 있지는 않나요? 하나님의 뜻을 분별하지 못하고 있진 않나요? 그렇다면 나는 어떻게 해야 할까요?

4. 하나님께서는 하나님의 허락없이 애굽으로 내려간 것과 자신의 목숨을 위해 아내를 누이라 속인 것에 대해 덮어주십니다. 오히려 하나님께서는 아브람의 소유를 풍성케 하십니다. 나에게 부어주시는 하나님의 은혜는 무엇인가요? 혹시 범죄하는 중에도 은혜를 베푸시는 하나님의 은혜를 오해해서 자신의 범죄를 정당화하고 있지는 않나요?

【토요일 말씀 묵상-말씀을 삶을 증명하기】 하나님의 말씀에 나의 삶을 맞춰 보세요.

※[참고] 가정에서 드리는 예배 순서 : 사도신경-찬송-기도(기도자)-말씀읽기/나눔-기도(합심/인도자)-주기도문

예배 준비 -인도자/예배자는 미리 예배를 준비합니다.	예배를 위한 기도 -인도자/기도자 미리 기도를 준비하세요!
□ 성경, 찬송 준비하기 □ 기도문 쓰기 □ 나눔 질문 미리하기 □ 찬송가 _____장	
사도신경(개역개정)	
사도신경을 보고 함께 읽으며 나의 신앙을 고백합니다.	
말씀 -한 절씩 돌아가면서 읽습니다. 그리고 함께 하눕니다.	
나눔 질문 · 말씀 속에서 가장 기억에 남는 장면은 무엇인가요?	
· 말씀을 통해 깨닫게 된 것은 무엇인가요?	**주기도문(개역개정)** - 함께 읽으며 기도합니다.
· 깨달은 말씀대로 살도록 적용해 보세요. (구체적으로, 실현 가능, 점검 가능) □ □ □ 나눔 메모	하늘에 계신 우리 아버지, 아버지의 이름을 거룩하게 하시며 아버지의 나라가 오게 하시며, 아버지의 뜻이 하늘에서와 같이 땅에서도 이루어지게 하소서. 오늘 우리에게 일용할 양식을 주시고, 우리가 우리에게 잘못한 사람을 용서하여 준 것 같이, 우리 죄를 용서하여 주시고, 우리를 시험에 빠지지 않게 하시고 악에서 구하소서. 나라와 권능과 영광이 영원히 아버지의 것입니다. 아멘.

【주일 말씀 묵상 - 하나님 말씀에 집중하기】
목사님을 통해 나에게 말씀하시는 하나님의 말씀에 집중해 보세요.

□ 제목 :

□ 본문 :   □ 설교자 :

설교내용	느끼고 깨달은 말씀

결론	그러면 나는 어떻게 살 것인가?
	□ □ □

말씀묵상

아브라함

말씀묵상-아브라함(창세기 17:1-19)

감사일기1

날짜		날씨		날짜		날씨	

☒ 감사제목	☒ 감사제목
. . .	. . .

날짜		날씨		날짜		날씨	

☒ 감사제목	☒ 감사제목
. . .	. . .

말씀묵상-아브라함(창세기 17:1-19)

감사일기2

날짜		날씨		날짜		날씨	

⊠ 감사제목	⊠ 감사제목
.	.
.	.
.	.

날짜		날씨		🍎 한 주간 동안의 일을 정리해 보세요.

⊠ 감사제목	⊠ 한 주간 동안의 감사제목!!
.	.
.	.
.	.

1.아브람이 구십구 세 때에 여호와께서 아브람에게 나타나서 그에게 이르시되 나는 전능한 하나님이라 너는 내 앞에서 행하여 완전하라

2.내가 내 언약을 나와 너 사이에 두어 너를 크게 번성하게 하리라 하시니

3.아브람이 엎드렸더니 하나님이 또 그에게 말씀하여 이르시되

4.보라 내 언약이 너와 함께 있으니 너는 여러 민족의 아버지가 될지라

5.이제 후로는 네 이름을 아브람이라 하지 아니하고 아브라함이라 하리니 이는 내가 너를 여러 민족의 아버지가 되게 함이니라

6.내가 너로 심히 번성하게 하리니 내가 네게서 민족들이 나게 하며 왕들이 네게로부터 나오리라

7.내가 내 언약을 나와 너 및 네 대대 후손 사이에 세워서 영원한 언약을 삼고 너와 네 후손의 하나님이 되리라

8.내가 너와 네 후손에게 네가 거류하는 이 땅 곧 가나안 온 땅을 주어 영원한 기업이 되게 하고 나는 그들의 하나님이 되리라

9.하나님이 또 아브라함에게 이르시되 그런즉 너는 내 언약을 지키고 네 후손도 대대로 지키라

10.너희 중 남자는 다 할례를 받으라 이것이 나와 너희와 너희 후손 사이에 지킬 내 언약이니라

11.너희는 포피를 베어라 이것이 나와 너희 사이의 언약의 표징이니라

12.너희의 대대로 모든 남자는 집에서 난 자나 또는 너희 자손이 아니라 이방 사람에게서 돈으로 산 자를 막론하고 난 지 팔 일 만에 할례를 받을 것이라

13.너희 집에서 난 자든지 너희 돈으로 산 자든지 할례를 받아야 하리니 이에 내 언약이 너희 살에 있어 영원한 언약이 되려니와

14.할례를 받지 아니한 남자 곧 그 포피를 베지 아니한 자는 백성 중에서 끊어지리니 그가 내 언약을 배반하였음이니라

15.하나님이 또 아브라함에게 이르시되 네 아내 사래는 이름을 사래라 하지 말고 사라라 하라

16.내가 그에게 복을 주어 그가 네게 아들을 낳아 주게 하며 내가 그에게 복을 주어 그를 여러 민족의 어머니가 되게 하리니 민족의 여러 왕이 그에게서 나리라

17.아브라함이 엎드려 웃으며 마음속으로 이르되 백 세 된 사람이 어찌 자식을 낳을까 사라는 구십 세니 어찌 출산하리요 하고

18.아브라함이 이에 하나님께 아뢰되 이스마엘이나 하나님 앞에 살기를 원하나이다

19.하나님이 이르시되 아니라 네 아내 사라가 네게 아들을 낳으리니 너는 그 이름을 이삭이라 하라 내가 그와 내 언약을 세우리니 그의 후손에게 영원한 언약이 되리라

【월요일 말씀 묵상-느낌 그려보기】
말씀을 오감으로 느껴보는 시간입니다. 말씀을 생각하기보다 온몸으로 느껴보세요.

◎ 본문 말씀을 빠르게 읽은 후 답해보세요.

● 본문을 읽으며 느껴지는 감각을 오감으로 표현해 보세요.

시각 /

청각 /

미각 /

후각 /

촉각 /

● 나의 느낌을 따라 본문 말씀의 제목을 지어보세요.

◎ 본문 말씀을 3번 이상 "정독" 후 답해보세요.

● 본문 말씀 내에 등장하는 배역들과 숨겨진 배역들을 생각나는대로 써보세요.

● "아브라함"하면 가장 먼저 어떤 생각이 떠오르나요? 그리고 그 이유는?

【화요일 말씀 묵상-말씀 그대로 보기】

말씀에 내 생각을 보태거나 빼지 말고 말씀을 말씀 그대로 이해해 보세요.

◎ 본문 말씀을 3번 이상 "정독" 후 답해보세요.

1. 아브람이 구십구 세 때에 여호와께서 아브람에게 나타나셔서 아브람에게 하신 말씀은 무엇인가요? 그리고 여호와께서 말씀하실 때 아브람의 반응은 어떠했나요?(1-3절)

2. 하나님께서 아브람에게 두 번째로 말씀하실 때 무엇이 너와 함께 있으니 너는 여러 민족의 무엇이 될지라고 말씀하시나요? 그리고 아브람의 이름을 어떻게 바꿔주시고 그 이름의 뜻은 무엇인가요?(4-5절)

3. 계속해서 하나님께서는 아브라함에게 말씀하십니다. 다음 말씀 속의 빈칸을 채워보세요.
  "내가 너로 심히 (   )하게 하리니 내가 네게서 (   )이 나게 하며 (   )이
  (   )부터 나오리라. 내가 내 (   )을 나와 너 및 네 대대 후손 사이에 세워서
  영원한 (   )을 삼고 너와 네 후손의 (   )이 되리라."(6-8절)

4. 하나님께서 아브라함에게 약속의 말씀을 하시며 하나님께서 아브라함과 아브라함의 후손의 대대로 무엇을 지키라고 말씀하시나요?(9절)

5. 하나님께서는 아브라함과 아브라함의 후손의 언약의 그 표징으로 무엇을 받으라고 하시나요? 그리고 그 대상은 누구이며 할례를 받지 않은 남자는 어떻게 되나요?(10-14절)

6. 하나님께서는 아브라함에 이어 사래의 이름도 바꿔주십니다. 하나님께서 바꿔주신 사래의 이름은 무엇이며, 하나님께서 사래에게 주신 복은 무엇인가요?(15-16절)

7. 하나님께서 사래에게 주신 복의 말씀을 들을 때 아브라함은 어떻게 반응하나요?(17-18절)
  마음속:

  하나님께 대답:

8. 아브라함의 반응에 대해 하나님께서 말씀하신 내용입니다. 다음의 빈칸을 채워보세요.(19절)
  "하나님이 이르시되 아니라 네 아내 사라가 네게 (   )을 낳으리니 너는 그 이름을 (   )
  이라 하라. 내가 그와 내 (   )을 세우리니 그의 (   )에게 영원한 (   )이 되리라."

【수요일 말씀 묵상-숨겨진 것 찾아 보기】

말씀 속 인물들의 마음을 헤아려 보고, 본문의 앞 뒤 문맥과 상황들을 살펴보세요.

◎ 본문 말씀을 3번 이상 "정독" 후 답해보세요.

1. 아브람이 사래의 여종인 하갈을 통해 아들 이스마엘을 낳지만 하나님께서 주시겠다고 약속하신 아들을 아직 얻지 못했습니다. 그런 중에 아브라함이 99세가 되었을 때 하나님께서 나타나십니다. 하나님을 대면하는 아브라함의 마음은 어땠을까요?

2. 하나님께서는 '아브람'을 '아브라함'으로, '사래'를 '사라'로 이름을 바꿔주십니다. 이렇게 하나님께서 이름을 바꿔주실 때 사래와 아브람의 마음은 어땠을까요? 그리고 이름을 바꿔주신 하나님의 마음은 어땠을까요?

 아브람:

 사라의 마음:

 하나님의 마음:

3. 하나님께서는 아브라함과 아브라함의 후손과의 언약의 표징으로 할례를 요구하십니다. 하나님께서는 왜 굳이 할례를 받도록 하셨을까요?

4. 하나님께서 아브라함에게 약속하시는 축복의 말씀을 들을 때의 아브라함의 마음은 어땠을까요?

5. 하나님께서는 99세인 아브라함과 90세인 사라에게 나타나셔서 아브라함과 사라 사이에서 태어나는 아들을 통해 하나님의 뜻을 이루시겠다고 약속하십니다. 하지만 아브라함은 하나님 앞에 엎드려 마음속으로 웃으며 불가능 할 것이라 생각합니다. 그리고 하나님께 "이스마엘이나 하나님 앞에서 살기를 원하나이다."라고 말합니다. 이에 하나님은 아브라함과 사라 사이에 태어날 아들의 이름을 "이삭('웃음'이라는 의미)"으로 하라고 말씀하시는데, 이 때 하나님의 마음은 어땠을까요?

【목요일 말씀 묵상-더 깊이 들여다 보기】

본문의 내용을 정리하고, 비교하며, 심층적으로 분석하여 충실하게 하나님의 말씀을 묵상해 보세요.

◎ 본문 말씀을 3번 이상 "정독" 후 답해보세요.

1. 아브라함의 이름이 '아브람'일 때와 '아브라함'으로 바뀌어 졌을 때 무엇이 달라졌나요?

2. 본문을 통해 볼 때 아브라함은 어떤 사람인 것 같나요?

3. 하나님께서 아브라함과 아브라함의 식솔들에게 할례를 받으라고 하시는데, '할례'의 의미는 무엇인가요?

4. 하나님께서 '아브라함'과 '사라'의 이름을 바꿔주시는데 하나님께서 '아브라함'과 '사라'의 이름을 바꿔 주신 이유는 무엇일까요?

5. 오늘 본문 말씀 중에 가장 중요한 장면은 어떤 장면인가요? 그리고 그 이유는 무엇인가요?

【금요일 말씀 묵상–말씀에로 삶을 끌어가기】

나의 삶에 하나님의 말씀을 맞추지 말고, 하나님의 말씀에 나의 삶을 맞춰 보세요.

◎ 본문 말씀을 3번 이상 "정독" 후 답해보세요.

1. 전능하신 하나님 앞에서 행하여 완전한 것은 무엇일까요? 그러기 위해서는 어떻게 해야 할까요?

2. '전능하신 하나님(모든 것이 가능하신 하나님)'을 의심한 적은 없나요? 언제, 어떤 부분에서 하나님을 의심하게 되나요?

3. 하나님은 아브라함이 99세가 되어서도 하나님께서 약속하신 약속을 잊지 않으십니다. 하지만 아브라함은 하나님께서 약속하신 약속을 인내함으로 기다리지 못하고 사라의 여종인 하갈을 통해 이스마엘을 얻게 됩니다. 최근에 하나님의 약속의 말씀을 잊어버리거나 인내함으로 기다리지 못하고 내 마음대로 행했던 것은 무엇인가요?

4. 하나님은 아브라함과 아브라함의 후손들에게 복을 주시겠다고 약속하시면서 하나님과의 언약을 지킬 것을 말씀하시며 그 표징으로 할례를 요구하십니다. 오늘을 살아가는 나에게 하나님과의 언약을 지키기 위해 주신 표징은 무엇인가요?

5. 하나님께서 아브라함의 이름을 바꾸시지만 여전히 이름을 바꾸시기 전의 모습과 동일하게 하나님의 존재는 인정하지만 전능하신 하나님의 능력은 불신합니다. 하나님께서는 이렇게 연약한 아브라함을 믿음의 조상으로 다듬어 가십니다. 하나님께서는 우리를 예수 그리스도의 십자가의 사랑으로 '새로운 피조물'이 되게 하셨습니다. 그러나 여전히 우리는 하나님 앞에서 불완전한 모습으로 살아갑니다. 하지만 아브라함을 믿음의 조상으로 다듬어가셨던 하나님께서 우리를 다듬어 가셔서 결국 영화롭게 하실 것입니다. 혹시 나의 삶 가운데 특별히 다듬어 주시기를 바라는 부분이 있다면 무엇인가요?

【토요일 말씀 묵상-말씀을 삶을 증명하기】 하나님의 말씀에 나의 삶을 맞춰 보세요.

※[참고] 가정에서 드리는 예배 순서 : 사도신경-찬송-기도(기도자)-말씀읽기/나눔-기도(합심/인도자)-주기도문

예배 준비 -인도자/예배자는 미리 예배를 준비합니다.	예배를 위한 기도 -인도자/기도자 미리 기도를 준비하세요!
□ 성경, 찬송 준비하기 □ 기도문 쓰기 □ 나눔 질문 미리하기 □ 찬송가 _____장	
사도신경(개역개정)	
사도신경을 보고 함께 읽으며 나의 신앙을 고백합니다.	
말씀 -한 절씩 돌아가면서 읽습니다. 그리고 함께 하눕니다.	
나눔 질문 ·말씀 속에서 가장 기억에 남는 장면은 무엇인가요?	
	주기도문(개역개정) - 함께 읽으며 기도합니다.
·말씀을 통해 깨닫게 된 것은 무엇인가요?	
·깨달은 말씀대로 살도록 적용해 보세요. (구체적으로, 실현 가능, 점검 가능) □ □ □ 나눔 메모	하늘에 계신 우리 아버지, 아버지의 이름을 거룩하게 하시며 아버지의 나라가 오게 하시며, 아버지의 뜻이 하늘에서와 같이 땅에서도 이루어지게 하소서. 오늘 우리에게 일용할 양식을 주시고, 우리가 우리에게 잘못한 사람을 용서하여 준 것 같이, 우리 죄를 용서하여 주시고, 우리를 시험에 빠지지 않게 하시고 악에서 구하소서. 나라와 권능과 영광이 영원히 아버지의 것입니다. 아멘.

【주일 말씀 묵상 - 하나님 말씀에 집중하기】
목사님을 통해 나에게 말씀하시는 하나님의 말씀에 집중해 보세요.

□ 제목 :

□ 본문 :   □ 설교자 :

설교내용	느끼고 깨달은 말씀

결론	그러면 나는 어떻게 살 것인가?
	□ □ □

말씀묵상

이삭

말씀묵상-이삭(창세기 26:1-25)

감사일기1

날짜		날씨		날짜		날씨	

📧 감사제목	📧 감사제목
·	·
·	·
·	·

날짜		날씨		날짜		날씨	

📧 감사제목	📧 감사제목
·	·
·	·
·	·

말씀묵상-이삭(창세기 26:1-25)

감사일기2

날짜		날씨		날짜		날씨	

▣ 감사제목	▣ 감사제목
· · ·	· · ·

날짜		날씨		🍎 한 주간 동안의 일을 정리해 보세요.

▣ 감사제목	▣ 한 주간 동안의 감사제목!!
· · ·	· · ·

1.아브라함 때에 첫 흉년이 들었더니 그 땅에 또 흉년이 들매 이삭이 그랄로 가서 블레셋 왕 아비멜렉에게 이르렀더니 2.여호와께서 이삭에게 나타나 이르시되 애굽으로 내려가지 말고 내가 네게 지시하는 땅에 거주하라 3.이 땅에 거류하면 내가 너와 함께 있어 네게 복을 주고 내가 이 모든 땅을 너와 네 자손에게 주리라 내가 네 아버지 아브라함에게 맹세한 것을 이루어 4.네 자손을 하늘의 별과 같이 번성하게 하며 이 모든 땅을 네 자손에게 주리니 네 자손으로 말미암아 천하 만민이 복을 받으리라 5.이는 아브라함이 내 말을 순종하고 내 명령과 내 계명과 내 율례와 내 법도를 지켰음이라 하시니라 6.이삭이 그랄에 거주하였더니 7.그 곳 사람들이 그의 아내에 대하여 물으매 그가 말하기를 그는 내 누이라 하였으니 리브가는 보기에 아리따우므로 그 곳 백성이 리브가로 말미암아 자기를 죽일까 하여 그는 내 아내라 하기를 두려워함이었더라 8.이삭이 거기 오래 거주하였더니 이삭이 그 아내 리브가를 껴안은 것을 블레셋 왕 아비멜렉이 창으로 내다본지라 9.이에 아비멜렉이 이삭을 불러 이르되 그가 분명히 네 아내거늘 어찌 네 누이라 하였느냐 이삭이 그에게 대답하되 내 생각에 그로 말미암아 내가 죽게 될까 두려워하였음이로라 10.아비멜렉이 이르되 네가 어찌 우리에게 이렇게 행하였느냐 백성 중 하나가 네 아내와 동침할 뻔하였도다 네가 죄를 우리에게 입혔으리라 11.아비멜렉이 이에 모든 백성에게 명하여 이르되 이 사람이나 그의 아내를 범하는 자는 죽이리라 하였더라 12.이삭이 그 땅에서 농사하여 그 해에 백 배나 얻었고 여호와께서 복을 주시므로 13.그 사람이 창대하고 왕성하여 마침내 거부가 되어 14.양과 소가 떼를 이루고 종이 심히 많으므로 블레셋 사람이 그를 시기하여 15.그 아버지 아브라함 때에 그 아버지의 종들이 판 모든 우물을 막고 흙으로 메웠더라 16.아비멜렉이 이삭에게 이르되 네가 우리보다 크게 강성한즉 우리를 떠나라 17.이삭이 그 곳을 떠나 그랄 골짜기에 장막을 치고 거기 거류하며 18.그 아버지 아브라함 때에 팠던 우물들을 다시 팠으니 이는 아브라함이 죽은 후에 블레셋 사람이 그 우물들을 메웠음이라 이삭이 그 우물들의 이름을 그의 아버지가 부르던 이름으로 불렀더라 19.이삭의 종들이 골짜기를 파서 샘 근원을 얻었더니 20.그랄 목자들이 이삭의 목자와 다투어 이르되 이 물은 우리의 것이라 하매 이삭이 그 다툼으로 말미암아 그 우물 이름을 에섹이라 하였으며 21.또 다른 우물을 팠더니 그들이 또 다투므로 그 이름을 싯나라 하였으며 22.이삭이 거기서 옮겨 다른 우물을 팠더니 그들이 다투지 아니하였으므로 그 이름을 르호봇이라 하여 이르되 이제는 여호와께서 우리를 위하여 넓게 하셨으니 이 땅에서 우리가 번성하리로다 하였더라 23.이삭이 거기서부터 브엘세바로 올라갔더니 24. 그 밤에 여호와께서 그에게 나타나 이르시되 나는 네 아버지 아브라함의 하나님이니 두려워하지 말라 내 종 아브라함을 위하여 내가 너와 함께 있어 네게 복을 주어 네 자손이 번성하게 하리라 하신지라 25.이삭이 그 곳에 제단을 쌓고, 여호와의 이름을 부르며 거기 장막을 쳤더니 이삭의 종들이 거기서도 우물을 팠더라

【월요일 말씀 묵상-느낌 그려보기】

말씀을 오감으로 느껴보는 시간입니다. 말씀을 생각하기보다 온몸으로 느껴보세요.

◎ 본문 말씀을 빠르게 읽은 후 답해보세요.

●본문을 읽으며 느껴지는 감각을 오감으로 표현해 보세요.

시각 /

청각 /

미각 /

후각 /

촉각 /

●나의 느낌을 따라 본문 말씀의 제목을 지어보세요.

◎ 본문 말씀을 3번 이상 "정독" 후 답해보세요.

●본문 말씀 내에 등장하는 배역들과 숨겨진 배역들을 생각나는대로 써보세요.

●"이삭"하면 가장 먼저 떠오르는 단어 5가지 이상 적어보세요.

【화요일 말씀 묵상-말씀 그대로 보기】

말씀에 내 생각을 보태거나 빼지 말고 말씀을 말씀 그대로 이해해 보세요.

◎ 본문 말씀을 3번 이상 "정독" 후 답해보세요.

1. 아브라함 때에 첫 흉년이 들었더니 그 땅에 또 무슨 일이 생겨 이삭이 그랄로 가서 블레셋 왕 아비멜렉에게 이르렀나요?(1절)

2. 여호와께서 이삭에게 나타나 애굽으로 내려가지 말고 내가 네게 지시하는 땅에 거주하라고 하십니다. 그 이유는 무엇인가요?(3-4절)

3. 하나님께서는 이삭에게 3-4절 말씀을 통해 놀라운 복을 받게 될 것에 대해 말씀하십니다. 하나님께서 이삭에게 복을 주시겠다고 하신 궁극적인 이유는 누가 어떻게 했기 때문인가요?(5절)

4. 이삭이 애굽이 아닌 블레셋 땅 그랄에 거주할 때 그랄 사람들이 이삭의 아내 리브가에 대해서 물어옵니다. 그 때 이삭은 리브가를 누구라고 이야기 하나요? 그리고 그 이유는 무엇인가요?(7절)

5. 이삭이 그랄에 오래 거주하는 중에 이삭이 그 아내 리브가를 껴안은 것을 블레셋 왕 아비멜렉이 창으로 내다보고 리브가가 이삭의 아내임을 알게 됩니다. 이 때 아비멜렉이 이삭과 그랄 땅의 백성들에게 뭐라고 말하나요?(10-11절)
　이삭에게:
　그랄 땅 백성들에게:

6. 이삭이 그랄 땅에서 농사를 해서 그 해(1년)에 백 배나 얻게 되고 하나님께서 복을 주시므로 창대하고 왕성하여 마침내 거부가 됩니다(12-13). 이삭의 양과 소가 떼를 이루고 종이 심히 많은 것을 블레셋 사람들이 보고 시기하여(14절) 했던 일은 무엇인가요?(15절) 그리고 이삭에게 뭐라고 말하나요?(16절)

7. 이삭은 그랄 사람들의 시기에 떠밀려 그랄 골짜기에 장막을 치고 거기에서 거류하게 됩니다(17절). 거기서 이삭은 무엇을 하나요?(18절)

8. 이삭이 그랄 골짜기에 머물 때에 이삭의 종들이 골짜기를 파서 우물을 얻을 때 마다 그랄 목자들이 와서 빼앗습니다. 두 번의 다툼이 있었던 우물의 이름은 무엇, 무엇인가요? 그리고 세 번째 다투지 않은 우물의 이름은 무엇이며 그 뜻은 무엇인가요?(20-22절)

9. 드디어 이삭은 그랄 골짜기에서 브엘세바로 올라가게 됩니다. 그 밤에 여호와께서 이삭에게 나타나셔서 "나는 네 아버지 아브라함의 하나님이니 두려워하지 말라. 내 종 아브라함을 위하여 내가 너와 함께 있어 네게 복을 주어 네 자손이 번성하게 하리라."고 축복하십니다. 이 때 이삭의 반응은 무엇인가요?(25절)

【수요일 말씀 묵상-숨겨진 것 찾아 보기】

말씀 속 인물들의 마음을 헤아려 보고, 본문의 앞 뒤 문맥과 상황들을 살펴보세요.

◎ 본문 말씀을 3번 이상 "정독" 후 답해보세요

1. 흉년이 들었을 때, 아버지 아브라함으로부터 많은 재산을 상속받은 이삭의 마음은 어땠을까요?

2. 블레셋 그랄 땅에 거주할 때에 그랄 사람들이 이삭에게 리브가에 대해 묻습니다. 그 때 이삭은 목숨의 위협을 느끼고 아내인 리브가를 누이라고 말합니다. 이 때 리브가의 마음은 어땠을까요?

3. 리브가가 이삭의 누이가 아니라 이삭의 아내라는 사실을 알게 됐을 때 그랄 왕 아비멜렉의 마음은 어땠을까요?

4. 리브가를 자신의 아내가 아니라 누이라고 속이는 모습을 보신 하나님의 마음은 어땠을까요?

5. 블레셋 사람들의 시기로 그랄 골짜기에 터를 잡고 우물을 팠지만 두 번이나 블레셋 사람들이 우물을 메웁니다. 이삭의 마음은 어땠을까요?

6. 그랄 골짜기에서부터 브엘세바로 올라간 그날 밤 하나님께서 나타나셔서 말씀하실 때 이삭의 마음은 어땠을까요?

7. 브엘세바에서 이삭을 만나주시는 하나님의 마음은 어땠을까요?

【목요일 말씀 묵상-더 깊이 들여다 보기】

본문의 내용을 정리하고, 비교하며, 심층적으로 분석하여 충실하게 하나님의 말씀을 묵상해 보세요.

◎ 본문 말씀을 3번 이상 "정독" 후 답해보세요.

1. 흉년이 들었을 때의 아브라함과 이삭의 상황에 대해 비교한 표를 완성해 보세요.

상 황	아브라함	이삭
흉년이 들었을 때 이주한 곳	애굽	(창26:6)
자신의 아내를 누구라고 했나요?	(창12:13)	누이
바로 / 아비멜렉의 반응	그와 함께 그의 아내와 모든 소유를 보내었더라	(창26:11)
하나님의 반응	아브라함에게 가축과 은과 금을 풍부하게 하심	(창26:13)

2. 하나님께서는 왜 애굽에 내려가지 말고 하나님께서 지시한 땅에 거주해야지만 복을 주신다고 말씀하셨을까요?

3. 아브라함이 하나님의 말씀을 순종하고 하나님의 명령과 하나님의 계명과 율례와 법도를 지켰는데 하나님께서 이삭에게 복을 주시는 이유는 무엇일까요?

4. 아비멜렉이 이삭의 거짓말에 이렇게 예민하게 반응하는 이유는 무엇일까요?

5. 본문을 통해 이삭은 어떤 사람인 것 같나요? 그 이유는 무엇인가요?

6. 이삭이 브엘세바에서 하나님을 만나고, 그 곳에 제단을 쌓고, 여호와의 이름을 부르며, 장막을 쳤는데 그 이유는 무엇일까요?

7. 오늘 본문 말씀 중에 가장 중요한 장면은 어떤 장면인가요? 그리고 그 이유는 무엇인가요?

【금요일 말씀 묵상-말씀에로 삶을 끌어가기】
나의 삶에 하나님의 말씀을 맞추지 말고, 하나님의 말씀에 나의 삶을 맞춰 보세요.

◎ 본문 말씀을 3번 이상 "정독" 후 답해보세요.

1. 하나님께서는 이삭에게 애굽이 아닌 하나님께서 지시하는 땅에 거주하라고 하십니다. 그러나 이삭은 애굽도, 하나님께서 지시하신 땅도 아닌 그랄에 머뭅니다. 나에게 있어서 "애굽"은 무엇이며, "하나님께서 지시하시는 땅"은 무엇이며, "그랄"은 무엇인가요?

2. "하나님께서 지시하시는 땅"에 머물기 위해서는 내가 추구하고, 포기하고, 지켜야 할 것들은 구체적으로 무엇인가요?
(있어야 할 곳, 떠나야 할 곳, 양보해야 할 것, 지켜야 할 것, 포기해야 할 것 등)

3. "하나님께서 지시하시는 땅"에 머물기 위한 2번의 내용을 가지고 구체적인 계획을 세워보세요.
예) "아침에 큐티를 하기 위해서 아침 잠 30분을 포기하고 일찍 일어나겠다."

4. 하나님은 이삭이 흉년이 들어 어디로 갈지 고민할 때도, 그랄에 머물며 아내를 누이라 속일 때도, 그랄에서 농사를 지으며 살아갈 때도, 그랄 골짜기에서 우물을 팔 때도, 브엘세바에서 제단을 쌓고 여호와의 이름을 부르며 장막을 쳤을 때도 함께 계셨습니다. 본문 속에서 만난 하나님은 어떤 하나님이신가요? 그리고 이삭과 함께 하셨던 하나님이 지금 나와 함께 하심을 믿나요?

【토요일 말씀 묵상-말씀을 삶을 증명하기】 하나님의 말씀에 나의 삶을 맞춰 보세요.

※[참고] 가정에서 드리는 예배 순서 : 사도신경-찬송-기도(기도자)-말씀읽기-나눔-기도(합심/인도자)-주기도문

예배 준비 -인도자/예배자는 미리 예배를 준비합니다.	예배를 위한 기도 -인도자/기도자 미리 기도를 준비하세요!
□ 성경, 찬송 준비하기 □ 기도문 쓰기 □ 나눔 질문 미리하기 □ 찬송가 _____장	

사도신경(개역개정)	
사도신경을 보고 함께 읽으며 나의 신앙을 고백 합니다.	

| 말씀
-한 절씩 돌아가면서 읽습니다. 그리고 함께 하눕니다. | |

나눔 질문

· 말씀 속에서 가장 기억에 남는 장면은 무엇
인가요?

· 말씀을 통해 깨닫게 된 것은 무엇인가요?

	주기도문(개역개정) - 함께 읽으며 기도합니다.

· 깨달은 말씀대로 살도록 적용해 보세요.
  (구체적으로, 실현 가능, 점검 가능)

□

□

□

나눔 메모

하늘에 계신 우리 아버지,
아버지의 이름을 거룩하게 하시며
아버지의 나라가 오게 하시며,
아버지의 뜻이 하늘에서와 같이
땅에서도 이루어지게 하소서.
오늘 우리에게 일용할 양식을 주시고,
우리가 우리에게 잘못한 사람을
용서하여 준 것 같이,
우리 죄를 용서하여 주시고,
우리를 시험에 빠지지 않게 하시고
악에서 구하소서.
나라와 권능과 영광이
영원히 아버지의 것입니다.
아멘.

【주일 말씀 묵상 - 하나님 말씀에 집중하기】

목사님을 통해 나에게 말씀하시는 하나님의 말씀에 집중해 보세요.

□ 제목 :

□ 본문 :   □ 설교자 :

설교내용	느끼고 깨달은 말씀
결론	**그러면 나는 어떻게 살 것인가?**
	□ □ □

말씀묵상

에서

말씀묵상-에서(창세기 25:21-34)

감사일기1

날짜		날씨	

☒ 감사제목

.
.
.

날짜		날씨	

☒ 감사제목

.
.
.

날짜		날씨	

☒ 감사제목

.
.
.

날짜		날씨	

☒ 감사제목

.
.
.

말씀묵상-에서(창세기 25:21-34)

감사일기2

날짜		날씨		날짜		날씨	

⊡ 감사제목	⊡ 감사제목
. . .	. .

날짜		날씨		🍎 한 주간 동안의 일을 정리해 보세요.

⊡ 감사제목	⊡ 한 주간 동안의 감사제목!!
. . .	. . .

21.이삭이 그의 아내가 임신하지 못하므로 그를 위하여 여호와께 간구하매 여호와께서 그의 간구를 들으셨으므로 그의 아내 리브가가 임신하였더니
22.그 아들들이 그의 태 속에서 서로 싸우는지라 그가 이르되 이럴 경우에는 내가 어찌할꼬 하고 가서 여호와께 묻자온대
23.여호와께서 그에게 이르시되 두 국민이 네 태중에 있구나 두 민족이 네 복중에서부터 나누이리라 이 족속이 저 족속보다 강하겠고 큰 자가 어린 자를 섬기리라 하셨더라
24.그 해산 기한이 찬즉 태에 쌍둥이가 있었는데
25.먼저 나온 자는 붉고 전신이 털옷 같아서 이름을 에서라 하였고
26.후에 나온 아우는 손으로 에서의 발꿈치를 잡았으므로 그 이름을 야곱이라 하였으며 리브가가 그들을 낳을 때에 이삭이 육십 세였더라
27.그 아이들이 장성하매 에서는 익숙한 사냥꾼이었으므로 들사람이 되고 야곱은 조용한 사람이었으므로 장막에 거주하니
28.이삭은 에서가 사냥한 고기를 좋아하므로 그를 사랑하고 리브가는 야곱을 사랑하였더라
29.야곱이 죽을 쑤었더니 에서가 들에서 돌아와서 심히 피곤하여
30.야곱에게 이르되 내가 피곤하니 그 붉은 것을 내가 먹게 하라 한지라 그러므로 에서의 별명은 에돔이더라
31.야곱이 이르되 형의 장자의 명분을 오늘 내게 팔라
32.에서가 이르되 내가 죽게 되었으니 이 장자의 명분이 내게 무엇이 유익하리요
33.야곱이 이르되 오늘 내게 맹세하라 에서가 맹세하고 장자의 명분을 야곱에게 판지라
34.야곱이 떡과 팥죽을 에서에게 주매 에서가 먹으며 마시고 일어나 갔으니 에서가 장자의 명분을 가볍게 여김이었더라

【월요일 말씀 묵상-느낌 그려보기】

말씀을 오감으로 느껴보는 시간입니다. 말씀을 생각하기보다 온몸으로 느껴보세요.

◎ 본문 말씀을 **빠르게** 읽은 후 답해보세요.

● 본문을 읽으며 느껴지는 감각을 오감으로 표현해 보세요.

시각 /

청각 /

미각 /

후각 /

촉각 /

● 나의 느낌을 따라 본문 말씀의 제목을 지어보세요.

◎ 본문 말씀을 3번 이상 "정독" 후 답해보세요.

● 본문 말씀 내에 등장하는 배역들과 숨겨진 배역들을 생각나는대로 써보세요.

● "에서"하면 떠오르는 것은 무엇인가요?

【화요일 말씀 묵상-말씀 그대로 보기】

말씀에 내 생각을 보태거나 빼지 말고 말씀을 말씀 그대로 이해해 보세요.
◎ 본문 말씀을 3번 이상 "정독" 후 답해보세요.

1. 아내 리브가가 임신을 하지 못할 때 이삭은 그의 아내를 위해 어떻게 했나요? 그리고 어떻게 되었나요?(21절)

2. 이삭의 아들들이 리브가의 태속에서 부터 서로 싸웁니다. 이에 대해 리브가는 어떻게 반응하나요?(22절)

3. 리브가가 여호와께 물을 때 여호와께서는 그 물음에 답하십니다. 다음의 빈칸에 들어갈 말씀을 본문에서 찾아 채워보세요.(23절)

　"(　　　　　)이 네 태중에 있구나. (　　　　　)이 네 복중에서부터 나누이리라. 이 족속이 저 족속보다 강하겠고, (　　　　)가 (　　　　　)를 섬기리라."

4. 드디어 이 세상에서 첫 번째 쌍둥이가 등장하게 됩니다. 다음은 쌍둥이들의 정보입니다. 빈칸을 채워 보세요.(25-27절)

	이름	특징	직업
먼저 나온 자			
후에 나온 자			
이삭의 나이			

5. 에서와 야곱은 각각 누구의 사랑을 받게 되나요? 그 이유는 엇인가요?(28절)

6. 에서가 들에서 돌아와 심히 피곤할 때 야곱은 무엇을 하고 있었나요? 그리고 에서는 야곱에게 무엇을 요구했나요?(30절)

7. 야곱은 에서의 요구에 무엇을 제안하나요?(31절)

8. 야곱의 제안에 에서는 어떻게 반응하나요?(32-33절)

9. 에서가 자신의 장자의 명분을 무엇과 바꾸게 되나요? 그리고 그렇게 바꾼 이유는 무엇이라고 말씀하시나요?(34절)

【수요일 말씀 묵상-숨겨진 것 찾아 보기】

말씀 속 인물들의 마음을 헤아려 보고, 본문의 앞 뒤 문맥과 상황들을 살펴보세요.

◎ 본문 말씀을 3번 이상 "정독" 후 답해보세요

1. 아내가 임신하지 못하는 모습을 보고 있는 이삭의 마음과 스스로 임신하지 못하는 리브가의 마음은 어땠을까요?

2. 처음으로 쌍둥이를 가지게 된 리브가는 자신의 뱃속에서부터 싸우는 아이들을 보며 어떤 생각을 했을까요?

3. "두 민족이 네 복중에서부터 나누이리라. 이 족속이 저 족속보다 강하겠고, 큰 자가 어린 자를 섬기리라."는 말씀을 들은 리브가의 마음은 어땠을까요?

4. 인류 최초로 이 땅에 쌍둥이가 태어나게 됩니다. 이삭과 리브가, 그리고 하나님의 마음은 어땠을까요?

5. 에서와 야곱의 사이는 어땠을까요?

6. '장자의 명분'에 대한 에서와 야곱의 마음은 각각 어땠을까요?
 에서:

 야곱:

7. 에서가 야곱에게 '장자의 명분'을 팔 때 하나님의 마음은 어떠셨을까요?

【목요일 말씀 묵상-더 깊이 들여다 보기】

본문의 내용을 정리하고, 비교하며, 심층적으로 분석하여 충실하게 하나님의 말씀을 묵상해 보세요.

◎ 본문 말씀을 3번 이상 "정독" 후 답해보세요.

1. 하나님께서는 아브라함과 이삭의 후손들에게 많은 후손을 약속하셨음에도 왜 이들은 자연스럽게 아이를 가지지 못하는 것일까요?

2. 서로 가장 사랑해야 할 대상인 에서와 야곱은 아직 태어나기 전인 리브가의 뱃속에서부터 치열하게 다투는 것을 볼 수 있습니다. 이들은 왜 다투는 것일까요?

3. 하나님께서는 에서와 야곱이 아직 어머니 리브가의 뱃속에 있을 때에 큰 자(older)가 어린 자(younger)를 섬기게 될 것이라고 이미 말씀하셨습니다. 만약 야곱이 에서에게서 '장자의 명분'을 사지 않았다면 이들이 아직 뱃속에 있을 때 리브가에게 말씀하신 하나님의 말씀은 이루어졌을까요? 아니면 이루어지지 않았을까요? 그 이유는 무엇인가요?

4. 이삭과 리브가의 가정은 아버지 이삭은 에서를 좋아하고, 어머니 리브가는 야곱을 사랑하는 편애가 심한 가정입니다. 하나님께서 원하시는 가정은 어떤 모습일까요? 그리고 내가 꿈꾸는 가정(현재와 미래)은 어떤 모습인가요?

5. 본문을 통해 볼 때 에서와 야곱 중 누가 더 나은 사람인 것 같나요? 그 이유는 무엇인가요?

6. 본문을 통해 '에서'는 어떤 사람인 것 같나요?

7. 오늘 본문 말씀 중에 가장 중요한 장면은 어떤 장면인가요? 그리고 그 이유는 무엇인가요?

【금요일 말씀 묵상-말씀에로 삶을 끌어가기】

나의 삶에 하나님의 말씀을 맞추지 말고, 하나님의 말씀에 나의 삶을 맞춰 보세요.

◎ 본문 말씀을 3번 이상 "정독" 후 답해보세요.

1. 창세기에는 적지 않게 형제와 친지 간의 갈등에 대한 이야기가 나옵니다. 가인은 시기한 나머지 동생 아벨을 살해하게 되고, 아브라함과 롯은 삼촌과 조카 사이였지만 '재산' 때문에 함께 살지 못하게 되며, 이스마엘은 새로 태어난 이복동생인 이삭을 비웃다가 쫓겨나게 됩니다. 야곱은 에서와의 장자권 갈등으로 인해 외삼촌 라반의 집으로 도망가서 그 후로 어머니 리브가의 얼굴을 다시 보지 못하게 되고, 외삼촌 라반의 집에서도 큰 갈등으로 다투게 되고, 요셉과 형들과의 관계 속에서도 형들의 미움을 받은 요셉은 노예로 팔려가게 됩니다. 하나님 께서는 가장 가까이에서 가장 사랑해야 할 대상들 간의 갈등을 통해 나에게 알게 하시고 깨 닫게 하시는 것은 무엇인가요?

2. 이삭은 에서를 사랑하고, 리브가는 야곱을 사랑했습니다. 사실 이삭과 리브가는 에서와 야곱에 대해서 편애를 하고 있습니다. 그 결과 에서와 야곱의 사이는 멀어지게 되고, 원수가 되어 형 에서는 마치 가인과 같이 동생 야곱을 죽이려고 하고, 동생 야곱은 형 에서를 피해 외삼촌 라반의 집으로 도망치게 됩니다. 그리고 야곱은 그토록 사랑하는 어머니 리브가를 다 시는 보지 못하게 됩니다. 이처럼 편애는 비참한 결과를 낳게 됩니다. 혹시 나는 이삭과 리브 가처럼 편애를 하고 있지는 않나요? 아니면 에서와 야곱과 같이 편애를 받고 있지는 않나요? 그렇다면 나는 하나님 앞에서 어떻게 해야 할까요?

3. 하나님께서는 아브라함에게 큰 민족에 대한 약속을 하셨고 아브라함과 이삭을 통해 그 약 속을 성취해 가고 계셨습니다. 유대 전통을 따라 먼저 태어난 에서에게 장자권이 주어져서 하나님께서 아브라함에게 약속하신 축복이 에서를 통해 흘러가는 것이 마땅하지만 에서는 장자권에 대해 가볍게 였겼던 반면 야곱은 그 장자권을 가지기 위해 치사한 방법(팥죽과 장 자권을 교환하는)을 통해서라도 쟁취하려고 합니다. 나에게 있어서 "장자권"은 무엇입니까? 그리고 그것에 대해서 나는 얼마나 큰 가치를 두고 쟁취하기 위해 노력하나요?

【토요일 말씀 묵상–말씀을 삶을 증명하기】 하나님의 말씀에 나의 삶을 맞춰 보세요.

※[참고] 가정에서 드리는 예배 순서 : 사도신경-찬송-기도(기도자)-말씀읽기/나눔-기도(합심/인도자)-주기도문

예배 준비 -인도자/예배자는 미리 예배를 준비합니다.	예배를 위한 기도 -인도자/기도자 미리 기도를 준비하세요!
□ 성경, 찬송 준비하기 □ 기도문 쓰기 □ 나눔 질문 미리하기 □ 찬송가 _____장	
사도신경(개역개정)	
사도신경을 보고 함께 읽으며 나의 신앙을 고백 합니다.	
말씀 -한 절씩 돌아가면서 읽습니다. 그리고 함께 하눕니다.	
나눔 질문 · 말씀 속에서 가장 기억에 남는 장면은 무엇 인가요?	
	주기도문(개역개정) - 함께 읽으며 기도합니다.
· 말씀을 통해 깨닫게 된 것은 무엇인가요?	
· 깨달은 말씀대로 살도록 적용해 보세요. (구체적으로, 실현 가능, 점검 가능) □ □ □ 나눔 메모	하늘에 계신 우리 아버지, 아버지의 이름을 거룩하게 하시며 아버지의 나라가 오게 하시며, 아버지의 뜻이 하늘에서와 같이 땅에서도 이루어지게 하소서. 오늘 우리에게 일용할 양식을 주시고, 우리가 우리에게 잘못한 사람을 용서하여 준 것 같이, 우리 죄를 용서하여 주시고, 우리를 시험에 빠지지 않게 하시고 악에서 구하소서. 나라와 권능과 영광이 영원히 아버지의 것입니다. 아멘.

【주일 말씀 묵상 - 하나님 말씀에 집중하기】

목사님을 통해 나에게 말씀하시는 하나님의 말씀에 집중해 보세요.

□ 제목 :

□ 본문 :   □ 설교자 :

설교내용	느끼고 깨달은 말씀

결론	그러면 나는 어떻게 살 것인가?
	□ □ □

야곱1

말씀묵상-야곱(창세기 28:10-22)

감사일기1

날짜		날씨		날짜		날씨	

⊡ 감사제목	⊡ 감사제목
. . .	. . .

날짜		날씨		날짜		날씨	

⊡ 감사제목	⊡ 감사제목
. . .	. . .

말씀묵상-야곱(창세기 28:10-22)

감사일기2

날짜		날씨		날짜		날씨	

▣ 감사제목	▣ 감사제목
. . .	. . .

날짜		날씨		🍎 한 주간 동안의 일을 정리해 보세요.

▣ 감사제목	▣ 한 주간 동안의 감사제목!!
. . .	. . .

이번 주 말씀 : 창세기 28:10~22

10.야곱이 브엘세바에서 떠나 하란으로 향하여 가더니

11.한 곳에 이르러는 해가 진지라 거기서 유숙하려고 그 곳의 한 돌을 가져다가 베개로 삼고 거기 누워 자더니

12.꿈에 본즉 사닥다리가 땅 위에 서 있는데 그 꼭대기가 하늘에 닿았고 또 본즉 하나님의 사자들이 그 위에서 오르락내리락 하고

13.또 본즉 여호와께서 그 위에 서서 이르시되 나는 여호와니 너의 조부 아브라함의 하나님이요 이삭의 하나님이라 네가 누워 있는 땅을 내가 너와 네 자손에게 주리니

14.네 자손이 땅의 티끌 같이 되어 네가 서쪽과 동쪽과 북쪽과 남쪽으로 퍼져나갈지며 땅의 모든 족속이 너와 네 자손으로 말미암아 복을 받으리라

15.내가 너와 함께 있어 네가 어디로 가든지 너를 지키며 너를 이끌어 이 땅으로 돌아오게 할지라 내가 네게 허락한 것을 다 이루기까지 너를 떠나지 아니하리라 하신지라

16.야곱이 잠이 깨어 이르되 여호와께서 과연 여기 계시거늘 내가 알지 못하였도다

17.이에 두려워하여 이르되 두렵도다 이 곳이여 이것은 다름 아닌 하나님의 집이요 이는 하늘의 문이로다 하고

18.야곱이 아침에 일찍이 일어나 베개로 삼았던 돌을 가져다가 기둥으로 세우고 그 위에 기름을 붓고

19.그 곳 이름을 벧엘이라 하였더라 이 성의 옛 이름은 루스더라

20.야곱이 서원하여 이르되 하나님이 나와 함께 계셔서 내가 가는 이 길에서 나를 지키시고 먹을 떡과 입을 옷을 주시어

21.내가 평안히 아버지 집으로 돌아가게 하시오면 여호와께서 나의 하나님이 되실 것이요

22내가 기둥으로 세운 이 돌이 하나님의 집이 될 것이요 하나님께서 내게 주신 모든 것에서 십분의 일을 내가 반드시 하나님께 드리겠나이다 하였더라

【월요일 말씀 묵상-느낌 그려보기】

말씀을 오감으로 느껴보는 시간입니다. 말씀을 생각하기보다 온몸으로 느껴보세요.

◎ 본문 말씀을 빠르게 읽은 후 답해보세요.

● 본문을 읽으며 느껴지는 감각을 그림으로 표현해 보세요.

● 나의 느낌을 따라 본문 말씀의 제목을 지어보세요.

◎ 본문 말씀을 3번 이상 "정독" 후 답해보세요.

● 본문 말씀 내에 등장하는 배역들과 숨겨진 배역들을 생각나는대로 써보세요.

● "야곱"하면 가장 먼저 떠오르는 것은 무엇인까요?

말씀에 내 생각을 보태거나 빼지 말고 말씀을 말씀 그대로 이해해 보세요.

◎ 본문 말씀을 3번 이상 "정독" 후 답해보세요.

1. 야곱은 브엘세바를 떠나 어디를 향해 가나요?(10절)

2. 야곱은 유숙을 하기 위해 한 돌을 가져다가 베개로 삼고 누워 자다가 꿈을 꾸게 되는데 어떤 꿈을 꾸게 되나요?(12절)

3. 야곱의 꿈 속에 나타나신 하나님께서는 당신 자신에 대해서 어떻게 말씀하시나요?(13절)

4. 다음은 꿈 속에 나타나신 하나님께서 야곱에게 하신 말씀입니다. 빈 칸을 채워보세요.
    "...네가 누워 있는 땅을 내가 (   )와 (   )에게 주리니 네 자손이 (   )같이 되어 네가 (   )과 (   )과 (   )과 (   )으로 퍼져나갈지며 (   )이 너와 네 자손으로 말미암아 (   )을 받으리라. 내가 너와 (   ) 네가 어디로 가든지 너를 (   ) 너를 (   ) 이 땅으로 (   ) 할지라. 내가 네게 허락한 것을 (   )까지 너를 (   ) 아니하리라..."(13-15절)

5. 야곱이 잠에서 깨어 두려워하며 한 고백은 무엇인가요? 그리고 그곳의 이름을 무엇이라고 하나요?(16-19절)

6. 야곱이 하나님께 서원한 내용은 무엇인가요?(20-22절)
    "...하나님이 나와 함께 계셔서..
    ①   ①
    ②   ..그러면...   ②
    ③   ③

【수요일 말씀 묵상-숨겨진 것 찾아 보기】

말씀 속 인물들의 마음을 헤아려 보고, 본문의 앞 뒤 문맥과 상황들을 살펴보세요.

◎ 본문 말씀을 3번 이상 "정독" 후 답해보세요

1. 야곱은 왜 브엘세바를 떠나 하란을 향해 가고 있나요?

2. 브엘세바를 떠나 하란으로 향하는 야곱의 마음은 어땠을까요?

3. 광야에서 홀로 자고 있는 야곱을 보고계시는 하나님의 마음은 어땠을까요?

4. 꿈 속에서 하나님을 만난 야곱의 마음은 어땠을까요?

5. 야곱이 아침에 일찍이 일어나 베개로 삼았던 돌을 가져다가 기둥을 세우고 그 위에 기름을 붓고 그곳의 이름을 '벧엘'이라고 합니다. 그리고 하나님께 서원합니다. 하나님 앞에 서원하는 야곱의 마음은 어땠을까요?

6. 야곱이 하나님 앞에서 서원을 할 때 그 간절한 서원을 들으시는 하나님의 마음은 어땠을까요?

【목요일 말씀 묵상-더 깊이 들여다 보기】

본문의 내용을 정리하고, 비교하며, 심층적으로 분석하여 충실하게 하나님의 말씀을 묵상해 보세요.

◎ 본문 말씀을 3번 이상 "정독" 후 답해보세요.

1. 하나님께서는 왜 광야에서 홀로 자고 있는 야곱의 꿈에 나타나셨을까요?

2. 하나님께서 야곱의 꿈에 나타나셔서 자신을 "나는 여호와니 너의 조부 아브라함의 하나님이요, 이삭의 하나님이라."라고 소개하신 이유는 무엇일까요?

3. 하란으로 향하는 길에 해가 저물자 야곱은 돌을 하나 구해 베개로 삼아 잠을 청합니다. 야곱이 베고 잔 이 평범한 돌 베개가 야곱이 잠에서 깨어난 후에는 이 장소의 거룩함을 표시하는 재단으로 변하게 됩니다. 그 이유는 무엇일까요?

4. 하나님께서는 야곱의 꿈에 나타나셔서 3가지를 약속하십니다. 그리고 꿈에서 깨어난 야곱은 하나님께 3가지 서원을 합니다. 하나님의 약속과 야곱의 서원을 다시 한번 상기하며 묵상해 보세요.

	하나님의 약속(15절)	야곱의 서원(20-22절)-요구	야곱의 서원(20-22절)-약속
1			
2			
3			
Q. 야곱을 향한 하나님의 약속과 하나님을 향한 야곱의 서원 사이에 어떤 연관성이 있을까요?			

5. 오늘 본문 말씀 중에 가장 중요한 장면은 어떤 장면인가요? 그리고 그 이유는 무엇인가요?

【금요일 말씀 묵상-말씀에로 삶을 끌어가기】

나의 삶에 하나님의 말씀을 맞추지 말고, 하나님의 말씀에 나의 삶을 맞춰 보세요.

◎ 본문 말씀을 3번 이상 "정독" 후 답해보세요.

1. 창세기에는 적지 않게 형제와 친지 간의 갈등에 대한 이야기가 나옵니다. 가인은 시기한 나머지 동생 아벨을 살해하게 되고, 아브라함과 롯은 삼촌과 조카 사이였지만 '재산' 때문에 함께 살지 못하게 되며, 이스마엘은 새로 태어난 이복동생인 이삭을 비웃다가 쫓겨나게 됩니다. 야곱은 에서와의 장자권 갈등으로 인해 외삼촌 라반의 집으로 도망가서 그 후로 어머니 리브가의 얼굴을 다시 보지 못하게 되고, 외삼촌 라반의 집에서도 큰 갈등으로 다투게 되고, 요셉과 형들과의 관계 속에서도 형들의 미움을 받은 요셉은 노예로 팔려가게 됩니다. 하나님께서는 가장 가까이에서 가장 사랑해야 할 대상들 간의 갈등을 통해 나에게 알게 하시고 깨닫게 하시는 것은 무엇인가요?

2. 이삭은 에서를 사랑하고, 리브가는 야곱을 사랑했습니다. 사실 이삭과 리브가는 에서와 야곱에 대해서 편애를 하고 있습니다. 그 결과 에서와 야곱의 사이는 멀어지게 되고, 원수가 되어 형 에서는 마치 가인과 같이 동생 야곱을 죽이려고 하고, 동생 야곱은 형 에서를 피해 외삼촌 라반의 집으로 도망치게 됩니다. 그리고 야곱은 그토록 사랑하는 어머니 리브가를 다시는 보지 못하게 됩니다. 이처럼 편애는 비차만 결과를 낳게 됩니다. 혹시 나는 이삭과 리브가처럼 편애를 하고 있지는 않나요? 아니면 에서와 야곱과 같이 편애를 받고 있지는 않나요? 그렇다면 나는 하나님 앞에서 어떻게 해야 할까요?

3. 하나님께서는 아브라함에게 큰 민족에 대한 약속을 하셨고 아브라함과 이삭을 통해 그 약속을 성취해 가고 계셨습니다. 유대 전통을 따라 먼저 태어난 에서에게 장자권이 주어져서 하나님께서 아브라함에게 약속하신 축복이 에서를 통해 흘러가는 것이 마땅하지만 에서는 장자권에 대해 가볍게 였던 반면 야곱은 그 장자권을 가지기 위해 치사한 방법(팥죽과 장자권을 교환하는)을 통해서라도 쟁취하려고 합니다. 나에게 있어서 "장자권"은 무엇입니까? 그리고 그것에 대해서 나는 얼마나 큰 가치를 두고 쟁취하기 위해 노력하나요?

※[참고] 가정에서 드리는 예배 순서 : 사도신경-찬송-기도(기도자)-말씀읽기/나눔-기도(합심/인도자)-주기도문

예배 준비 -인도자/예배자는 미리 예배를 준비합니다.	예배를 위한 기도 -인도자/기도자 미리 기도를 준비하세요!
□ 성경, 찬송 준비하기	
□ 기도문 쓰기	
□ 나눔 질문 미리하기	
□ 찬송가 _____ 장	

사도신경(개역개정)	
사도신경을 보고 함께 읽으며 나의 신앙을 고백합니다.	

말씀 -한 절씩 돌아가면서 읽습니다. 그리고 함께 하눕니다.	
나눔 질문 · 말씀 속에서 가장 기억에 남는 장면은 무엇인가요?	
· 말씀을 통해 깨닫게 된 것은 무엇인가요?	주기도문(개역개정) - 함께 읽으며 기도합니다.
· 깨달은 말씀대로 살도록 적용해 보세요. (구체적으로, 실현 가능, 점검 가능) □ □ □ 나눔 메모	하늘에 계신 우리 아버지, 아버지의 이름을 거룩하게 하시며 아버지의 나라가 오게 하시며, 아버지의 뜻이 하늘에서와 같이 땅에서도 이루어지게 하소서. 오늘 우리에게 일용할 양식을 주시고, 우리가 우리에게 잘못한 사람을 용서하여 준 것 같이, 우리 죄를 용서하여 주시고, 우리를 시험에 빠지지 않게 하시고 악에서 구하소서. 나라와 권능과 영광이 영원히 아버지의 것입니다. 아멘.

【주일 말씀 묵상 - 하나님 말씀에 집중하기】
목사님을 통해 나에게 말씀하시는 하나님의 말씀에 집중해 보세요.

□ 제목 :

□ 본문 :   □ 설교자 :

설교내용	느끼고 깨달은 말씀

결론	그러면 나는 어떻게 살 것인가?
	□ □ □

말씀묵상

야곱2

말씀묵상-야곱2(창세기 32:1-32)

감사일기1

날짜		날씨		날짜		날씨	

☒ 감사제목	☒ 감사제목
· · ·	· · ·

날짜		날씨		날짜		날씨	

☒ 감사제목	☒ 감사제목
· · ·	· · ·

말씀묵상-야곱2(창세기 32:1-32)

감사일기2

날짜		날씨		날짜		날씨	

✉ 감사제목	✉ 감사제목
· · ·	· · ·

날짜		날씨		🍎 한 주간 동안의 일을 정리해 보세요.

✉ 감사제목	✉ 한 주간 동안의 감사제목!!
· · ·	· · ·

1.야곱이 길을 가는데 하나님의 사자들이 그를 만난지라 2.야곱이 그들을 볼 때에 이르기를 이는 하나님의 군대라 하고 그 땅 이름을 마하나임이라 하였더라 3.야곱이 세일 땅 에돔 들에 있는 형 에서에게로 자기보다 앞서 사자들을 보내며 4.그들에게 명령하여 이르되 너희는 내 주 에서에게 이같이 말하라 주의 종 야곱이 이같이 말하기를 내가 라반과 함께 거류하며 지금까지 머물러 있었사오며 5.내게 소와 나귀와 양 떼와 노비가 있으므로 사람을 보내어 내 주께 알리고 내 주께 은혜 받기를 원하나이다 하라 하였더니 6.사자들이 야곱에게 돌아와 이르되 우리가 주인의 형 에서에게 이른즉 그가 사백 명을 거느리고 주인을 만나려고 오더이다 7.야곱이 심히 두렵고 답답하여 자기와 함께 한 동행자와 양과 소와 낙타를 두 떼로 나누고 8.이르되 에서가 와서 한 떼를 치면 남은 한 떼는 피하리라 하고 9.야곱이 또 이르되 내 조부 아브라함의 하나님, 내 아버지 이삭의 하나님 여호와여 주께서 전에 내게 명하시기를 네 고향, 네 족속에게로 돌아가라 내가 네게 은혜를 베풀리라 하셨나이다 10.나는 주께서 주의 종에게 베푸신 모든 은총과 모든 진실하심을 조금도 감당할 수 없사오나 내가 내 지팡이만 가지고 이 요단을 건넜더니 지금은 두 떼나 이루었나이다 11.내가 주께 간구하오니 내 형의 손에서, 에서의 손에서 나를 건져내시옵소서 내가 그를 두려워함은 그가 와서 나와 내 처자들을 칠까 겁이 나기 때문이니이다 12.주께서 말씀하시기를 내가 반드시 네게 은혜를 베풀어 네 씨로 바다의 셀 수 없는 모래와 같이 많게 하리라 하셨나이다 13.야곱이 거기서 밤을 지내고 그 소유 중에서 형 에서를 위하여 예물을 택하니 14.암염소가 이백이요 숫염소가 이십이요 암양이 이백이요 숫양이 이십이요 15.젖 나는 낙타 삼십과 그 새끼요 암소가 사십이요 황소가 열이요 암나귀가 이십이요 그 새끼 나귀가 열이라 16.그것을 각각 떼로 나누어 종들의 손에 맡기고 그의 종에게 이르되 나보다 앞서 건너가서 각 떼로 거리를 두게 하라 하고 17.그가 또 앞선 자에게 명령하여 이르되 내 형 에서가 너를 만나 묻기를 네가 누구의 사람이며 어디로 가느냐 네 앞의 것은 누구의 것이냐 하거든 18.대답하기를 주의 종 야곱의 것이요 자기 주 에서에게로 보내는 예물이오며 야곱도 우리 뒤에 있나이다 하라 하고 19.그 둘째와 셋째와 각 떼를 따라가는 자에게 명령하여 이르되 너희도 에서를 만나거든 곧 이같이 그에게 말하고 20.또 너희는 말하기를 주의 종 야곱이 우리 뒤에 있다 하라 하니 이는 야곱이 말하기를 내가 내 앞에 보내는 예물로 형의 감정을 푼 후에 대면하면 형이 혹시 나를 받아 주리라 함이었더라 21.그 예물은 그에 앞서 보내고 그는 무리 가운데서 밤을 지내다가 22.밤에 일어나 두 아내와 두 여종과 열한 아들을 인도하여 얍복 나루를 건널새 23.그들을 인도하여 시내를 건너가게 하며 그의 소유도 건너가게 하고 24.야곱은 홀로 남았더니 어떤 사람이 날이 새도록 야곱과 씨름하다가 25.자기가 야곱을 이기지 못함을 보고 그가 야곱의 허벅지 관절을 치매 야곱의 허벅지 관절이 그 사람과 씨름할 때에 어긋났더라 26.그가 이르되 날이 새려하니 나로 가게 하라 야곱이 이르되 당신이 내게 축복하지 아니하면 가게 하지 아니하겠나이다 27.그 사람이 그에게 이르되 네 이름이 무엇이냐 그가 이르되 야곱이니이다 28.그가 이르되 네 이름을 다시는 야곱이라 부를 것이 아니요 이스라엘이라 부를 것이니 이는 네가 하나님과 및 사람들과 겨루어 이겼음이니라 29.야곱이 청하여 이르되 당신의 이름을 알려주소서 그 사람이 이르되 어찌하여 내 이름을 묻느냐 하고 거기서 야곱에게 축복한지라 30.그러므로 야곱이 그 곳 이름을 브니엘이라 하였으니 그가 이르기를 내가 하나님과 대면하여 보았으나 내 생명이 보전되었다 함이더라 31.그가 브니엘을 지날 때에 해가 돋았고 그의 허벅다리로 말미암아 절었더라 32.그 사람이 야곱의 허벅지 관절에 있는 둔부의 힘줄을 쳤으므로 이스라엘 사람들이 지금까지 허벅지 관절에 있는 둔부의 힘줄을 먹지 아니하더라

【월요일 말씀 묵상-느낌 그려보기】

말씀을 오감으로 느껴보는 시간입니다. 말씀을 생각하기보다 온몸으로 느껴보세요.

◎ 본문 말씀을 빠르게 읽은 후 답해보세요.

● 본문을 읽으며 느껴지는 감각을 오감으로 표현해 보세요.

시각 /

청각 /

미각 /

후각 /

촉각 /

● 나의 느낌을 따라 본문 말씀의 제목을 지어보세요.

◎ 본문 말씀을 3번 이상 "정독" 후 답해보세요.

● 본문 말씀 내에 등장하는 배역들과 숨겨진 배역들을 생각나는대로 써보세요.

● 야곱이 길을 갈 때 날씨는 어땠을까요?

【화요일 말씀 묵상-말씀 그대로 보기】

말씀에 내 생각을 보태거나 빼지 말고 말씀을 말씀 그대로 이해해 보세요.

◎ 본문 말씀을 3번 이상 "정독" 후 답해보세요.

1. 야곱이 길을 가는데 누가 야곱을 만났나요?(1절) 야곱이 그들을 볼 때에 "이는 하나님의 군대라."하고 그 땅 이름을 무엇이라고 했나요?(2절)

2. 야곱이 세일 땅 에돔 들에 있는 형 에서에게로 자기보다 앞서 사자들을 보내며 무어라고 일렀나요? 본문에서 찾아 밑줄을 그어 보세요.(4-5절)

3. 사자들을 통해 형 에서가 400명을 거느리고 자신을 만나기위해 오고 있다는 소식을 듣고 취한 행동은 무엇인가요?(7-8절)

4. 야곱이 기억하는 하나님의 약속의 말씀은 무엇인가요?(9절, 12절)
   9절: 12절:

5. 야곱이 마하나임에서 밤을 지내고 무엇을 했나요?(13절)

6. 야곱이 형 에서를 위해 예물을 택하여 종들과 함께 먼저 보낸 이유는 무엇인가요?(20절)

7. 밤에 일어난 야곱이 두 아내와 두 여종과 11아들을 형 에서에게로 보낸 후 홀로 남아 무엇을 했나요?(24절) 그리고 야곱은 어떻게 되나요?(25절)

8. 야곱의 이름이 "야곱"에서 무엇으로 바뀌게 되나요? 그리고 그 뜻은 무엇인가요?(28절)

9. 야곱은 자신과 씨름한 그곳을 무엇이라고 부르나요? 그리고 그 뜻은 무엇인가요?(30절)

10. 야곱과 씨름한 사람이 야곱의 허벅지 관절에 있는 둔부의 힘줄을 침으로 이스라엘 사람들은 지금까지 어떤 부위를 먹지 않나요?(32절)

【수요일 말씀 묵상-숨겨진 것 찾아 보기】

말씀 속 인물들의 마음을 헤아려 보고, 본문의 앞 뒤 문맥과 상황들을 살펴보세요.

◎ 본문 말씀을 3번 이상 "정독" 후 답해보세요

1. 길을 가는 중 하나님의 사자들을 만났을 때 야곱의 마음은 어땠을까요?

2. 형 에서가 자신을 만나기 위해 400명이나 되는 사람들을 이끌고 온다는 소식을 들은 야곱의 마음은 어땠을까요? 그리고 동생 야곱을 만나기 위해 400명을 이끌고 오는 에서의 마음은 어땠을까요?

3. 하나님께 기도하는 야곱을 보시고 계신 하나님의 마음은 어땠을까요?

4. 얍복 나루에서 사랑하는 가족들을 떠나보내는 야곱의 마음과 남편과 아버지를 떠나가는 가족들의 마음은 어땠을까요?

5. 얍복 강가에서 어떤 사람과 씨름할 때 야곱의 마음은 어땠을까요?

6. 하나님께서 야곱의 이름을 "야곱"에서 "이스라엘"로 바꿔주실 때 야곱의 마음은 어땠을까요?

7. 야곱의 이름을 "야곱"에서 "이스라엘"로 바꿔주시는 하나님의 마음은 어땠을까요?

본문의 내용을 정리하고, 비교하며, 심층적으로 분석하여 충실하게 하나님의 말씀을 묵상해 보세요.
◎ 본문 말씀을 3번 이상 "정독" 후 답해보세요.

1. 야곱이 길을 가는데 하나님의 사자들이 야곱을 만난 이유는 무엇일까요?

2. 야곱은 400명과 함께 자신을 만나기 위해 오고있는 에서의 소식을 듣고 심히 두렵고 답답한 마음으로 하나님께 기도합니다. 9-12절 까지의 기도의 내용을 4부분으로 나누어 요약해 보세요.

①9절

②10절

③11절

④12절

3. 야곱은 리브가의 태에서 뿐만 아니라 상자권을 놓고도 에서와 치열하게 씨름했으며, 장자의 축복을 받기 위해 아버지 이삭과 씨름했으며, 자신의 재산을 모으기 위해 외삼촌이자 자신의 장인인 라반과 치열하게 씨름했습니다. 그리고 오늘 본문에서는 어떤 사람과 허벅지 관절이 어긋날 때까지 끝까지 씨름합니다. 마지막 어떤 사람과의 씨름이 이전의 씨름들과 다른 점이 있다면 그 다른 점은 무엇일까요?

4. 어떤 사람이 야곱에게 "네 이름이 무엇이냐?"라고 물은 이유는 무엇일까요? 그리고 야곱의 이름을 "이스라엘"로 바꿔주신 이유는 무엇일까요?

5. 야곱이 어떤 사람에게 이름을 물을 때에 그의 반응은 "어찌하여 내 이름을 묻느냐?"하고 야곱에 축복합니다. 그리고 그가 떠난 후에 야곱은 그곳 이름을 브니엘이라고 합니다. 이를 통해 볼 때 야곱과 씨름한 사람은 누구일까요? 그리고 "어찌하여 내 이름을 묻느냐?"는 질문의 뜻은 무엇일까요?

6. 오늘 본문 말씀 중에 가장 중요한 장면은 어떤 장면인가요? 그리고 그 이유는 무엇인가요?

【금요일 말씀 묵상-말씀에로 삶을 끌어가기】

나의 삶에 하나님의 말씀을 맞추지 말고, 하나님의 말씀에 나의 삶을 맞춰 보세요.

◎ 본문 말씀을 3번 이상 "정독" 후 답해보세요.

1. 야곱이 길을 가는데 하나님의 사자들이 야곱을 찾아와 만나주십니다. 이에 야곱은 하나님의 군대라고 하며 마하나임이라고 합니다. 야곱을 만나주셨던 하나님은 나의 인생 속에서도 내가 인식하든지 인식하지 못하든지 하나님의 군대로 항상 먼저 찾아와 주십니다. 마하나님으로 늘 나와 함께해 주시는 하나님. 그 하나님과 나 또한 함께하기 위해서는 어떻게 해야 할까요?

2. 야곱은 자신을 향해 400명을 거느리고 달려오고 있는 에서를 두려워했습니다. 그래서 최선의 묘안으로 자신의 소유를 두 떼로 나눕니다. 그리고 거기에서 그치지 않고 하나님 앞에 엎드려 기도합니다. 예전의 인간의 방법에서만 그치지 않고 하나님을 찾는 야곱으로 변해가고 있는 것입니다. 야곱이 했던 기도 방법으로 기도해 보세요.(목요일 2번 문제 참조)

3. 야곱은 어디서 왔는지도 모르는 사람과 밤새 씨름했습니다. 야곱은 온 힘을 다해 필사적으로 이 사람과 씨름했습니다. 야곱이 지지 않자 그 사람은 야곱의 환도뼈를 쳤습니다. 환도뼈는 씨름하는 사람의 힘의 균형을 유지하는 곳입니다. 천사가 환도뼈를 치자 야곱은 모든 힘이 풀렸습니다. 하지만 야곱은 결사적으로 그에게 매달리며 처절하게 부르짖습니다. "...당신이 내게 축복하지 아니하면 가게 하지 아니하겠나이다..." 야곱이 환도뼈가 부러져 어떤 힘도 쓸 수 없는 상황 속에서도 그토록 처절하게 구했던 "축복"은 무엇이며 왜 그 "축복"을 구한 것일까요? 그리고 지금 내가 하나님 앞에 처절하게 구하는 축복은 무엇인가요?

4. 야곱은 밤새 자신과 씨름한 사람이 떠나간 뒤에야 그 사람이 하나님이었음을 확신하게 됩니다. 그래서 야곱은 '내가 하나님과 대면하여 보았으나 내 생명이 보전되었다.' 하면서 두려운 가운데 그곳의 이름을 '브니엘'이라고 합니다. '브니엘'은 '하나님의 얼굴'이란 뜻입니다. 야곱을 만나주셨던 하나님께서는 지금도 나를 만나주십니다. 내가 만난 하나님은 어떤 하나님이신가요? 내가 만난 하나님께서 나를 온전히 다스리시기 위해서 내가 포기해야 할 것은 무엇인가요?

【토요일 말씀 묵상–말씀을 삶을 증명하기】하나님의 말씀에 나의 삶을 맞춰 보세요.

※[참고] 가정에서 드리는 예배 순서 : 사도신경-찬송-기도(기도자)-말씀읽기/나눔-기도(합심/인도자)-주기도문

예배 준비 –인도자/예배자는 미리 예배를 준비합니다.	예배를 위한 기도 –인도자/기도자 미리 기도를 준비하세요!
☐ 성경, 찬송 준비하기	
☐ 기도문 쓰기	
☐ 나눔 질문 미리하기	
☐ 찬송가 _____장	

사도신경(개역개정)

사도신경을 보고 함께 읽으며 나의 신앙을 고백합니다.

말씀
–한 절씩 돌아가면서 읽습니다. 그리고 함께 하눕니다.

나눔 질문
· 말씀 속에서 가장 기억에 남는 장면은 무엇인가요?

· 말씀을 통해 깨닫게 된 것은 무엇인가요?

주기도문(개역개정)
– 함께 읽으며 기도합니다.

· 깨달은 말씀대로 살도록 적용해 보세요.
 (구체적으로, 실현 가능, 점검 가능)

☐

☐

☐

나눔 메모

하늘에 계신 우리 아버지,
아버지의 이름을 거룩하게 하시며
아버지의 나라가 오게 하시며,
아버지의 뜻이 하늘에서와 같이
땅에서도 이루어지게 하소서.
오늘 우리에게 일용할 양식을 주시고,
우리가 우리에게 잘못한 사람을
용서하여 준 것 같이,
우리 죄를 용서하여 주시고,
우리를 시험에 빠지지 않게 하시고
악에서 구하소서.
나라와 권능과 영광이
영원히 아버지의 것입니다.
아멘.

【주일 말씀 묵상 - 하나님 말씀에 집중하기】

목사님을 통해 나에게 말씀하시는 하나님의 말씀에 집중해 보세요.

□ 제목 :

□ 본문 :   □ 설교자 :

설교내용	느끼고 깨달은 말씀

결론	그러면 나는 어떻게 살 것인가?
	□ □ □

말씀묵상

유다

말씀묵상-유다(창세기 44:14-34)

감사일기1

날짜		날씨		날짜		날씨	

▣ 감사제목	▣ 감사제목

날짜		날씨		날짜		날씨	

▣ 감사제목	▣ 감사제목

말씀묵상-유다(창세기 44:14-34)

감사일기2

날짜		날씨		날짜		날씨	

⊠ 감사제목

.
.
.

⊠ 감사제목

.
.
.

날짜		날씨		🍎 한 주간 동안의 일을 정리해 보세요.

⊠ 감사제목

.
.
.

⊠ 한 주간 동안의 감사제목!!

.
.
.

14.유다와 그의 형제들이 요셉의 집에 이르니 요셉이 아직 그 곳에 있는지라 그의 앞에서 땅에 엎드리니

15.요셉이 그들에게 이르되 너희가 어찌하여 이런 일을 행하였느냐 나 같은 사람이 점을 잘 치는 줄을 너희는 알지 못하였느냐

16.유다가 말하되 우리가 내 주께 무슨 말을 하오리이까 무슨 설명을 하오리이까 우리가 어떻게 우리의 정직함을 나타내리이까 하나님이 종들의 죄악을 찾아내셨으니 우리와 이 잔이 발견된 자가 다 내 주의 노예가 되겠나이다

17.요셉이 이르되 내가 결코 그리하지 아니하리라 잔이 그 손에서 발견된 자만 내 종이 되고 너희는 평안히 너희 아버지께로 도로 올라갈 것이니라

18.유다가 그에게 가까이 가서 이르되 내 주여 원하건대 당신의 종에게 내 주의 귀에 한 말씀을 아뢰게 하소서 주의 종에게 노하지 마소서 주는 바로와 같으심이니이다

19.이전에 내 주께서 종들에게 물으시되 너희는 아버지가 있느냐 아우가 있느냐 하시기에

20.우리가 내 주께 아뢰되 우리에게 아버지가 있으니 노인이요 또 그가 노년에 얻은 아들 청년이 있으니 그의 형은 죽고 그의 어머니가 남긴 것은 그뿐이므로 그의 아버지가 그를 사랑하나이다 하였더니

21.주께서 또 종들에게 이르시되 그를 내게로 데리고 내려와서 내가 그를 보게 하라 하시기로

22.우리가 내 주께 말씀드리기를 그 아이는 그의 아버지를 떠나지 못할지니 떠나면 그의 아버지가 죽겠나이다

23.주께서 또 주의 종들에게 말씀하시되 너희 막내 아우가 너희와 함께 내려오지 아니하면 너희가 다시 내 얼굴을 보지 못하리라 하시기로

24.우리가 주의 종 우리 아버지에게로 도로 올라가서 내 주의 말씀을 그에게 아뢰었나이다

25.그 후에 우리 아버지가 다시 가서 곡물을 조금 사오라 하시기로

26.우리가 이르되 우리가 내려갈 수 없나이다 우리 막내 아우가 함께 가면 내려가려니와 막내 아우가 우리와 함께 가지 아니하면 그 사람의 얼굴을 볼 수 없음이니이다

27.주의 종 우리 아버지가 우리에게 이르되 너희도 알거니와 내 아내가 내게 두 아들을 낳았으나

28.하나는 내게서 나갔으므로 내가 말하기를 틀림없이 찢겨 죽었다 하고 내가 지금까지 그를 보지 못하거늘

29.너희가 이 아이도 내게서 데려 가려하니 만일 재해가 그 몸에 미치면 나의 흰 머리를 슬퍼하며 스올로 내려가게 하리라 하니

30.아버지의 생명과 아이의 생명이 서로 하나로 묶여 있거늘 이제 내가 주의 종 우리 아버지에게 돌아갈 때에 아이가 우리와 함께 가지 아니하면

31.아버지가 아이의 없음을 보고 죽으리니 이같이 되면 종들이 주의 종 우리 아버지가 흰 머리로 슬퍼하며 스올로 내려가게 함이니이다

32.주의 종이 내 아버지에게 아이를 담보하기를 내가 이를 아버지께로 데리고 돌아오지 아니하면
영영히 아버지께 죄짐을 지리이다 하였사오니

33.이제 주의 종으로 그 아이를 대신하여 머물러 있어 내 주의 종이 되게 하시고 그 아이는 그의 형제들과 함께 올려 보내소서

34.그 아이가 나와 함께 가지 아니하면 내가 어찌 내 아버지에게로 올라갈 수 있으리이까 두렵건대 재해가 내 아버지에게 미침을 보리이다

【월요일 말씀 묵상-느낌 그려보기】

말씀을 오감으로 느껴보는 시간입니다. 말씀을 생각하기보다 온몸으로 느껴보세요.

◎ 본문 말씀을 빠르게 읽은 후 답해보세요.

● 본문을 읽으며 느껴지는 감각을 오감으로 표현해 보세요.

시각 /

청각 /

미각 /

후각 /

촉각 /

● 나의 느낌을 따라 본문 말씀의 제목을 지어보세요.

◎ 본문 말씀을 3번 이상 "정독" 후 답해보세요.

● 본문 말씀 내에 등장하는 배역들과 숨겨진 배역들을 생각나는대로 써보세요.

● 애굽의 총리는 얼마나 대단한 권력을 가지고 있을까요?

【화요일 말씀 묵상-말씀 그대로 보기】

말씀에 내 생각을 보태거나 빼지 말고 말씀을 말씀 그대로 이해해 보세요.

◎ 본문 말씀을 3번 이상 "정독" 후 답해보세요.

1. 유다와 그의 형제들이 누구의 집에 이르렀나요? 그리고 그 집에 누가 있었나요?(14절)

2. 유다는 누가 요셉의 종이 되어야 한다고 말하고 있나요?(16절)

3. 요셉은 누가 자신의 종이 되어야 한다고 말하나요?(17절)

4. 유다는 요셉의 물음에 대해 아버지인 "야곱"과 아우인 "요셉과 베냐민"에 대해서 어떻게 말하고 있나요?(20절)

5. 만약 '베냐민'에게 재해가 미치면 아버지 야곱은 어떻게 될 것이라고 말하나요?(30-31절)

6. 만약에 베냐민을 다시 아버지께 데려오지 못하면 유다는 어떻게 하기로 했나요?(32절)

7. 유다는 아우 베냐민을 아버지 야곱에게로 돌려보내기 위해 어떤 제안을 하나요?(33절)

8. 아우 베냐민이 아버지에게로 돌아가야만 하는 이유에 대해서 유다는 어떻게 설득하나요?(34절)

【수요일 말씀 묵상-숨겨진 것 찾아 보기】

말씀 속 인물들의 마음을 헤아려 보고, 본문의 앞 뒤 문맥과 상황들을 살펴보세요.

◎ 본문 말씀을 3번 이상 "정독" 후 답해보세요

1. 베냐민의 자루에서 요셉의 은잔을 발견한 것을 보고 유다와 형제들은 요셉의 집으로 돌아갑니다. 요셉의 집으로 돌아가는 유다와 그의 형제들의 마음은 어땠을까요?

2. 자신의 집으로 돌아오는 11명의 형제들을 보며 요셉은 어떤 생각을 했을까요?

3. 유다는 요셉에게 11명의 형제 모두 노예가 되겠다고 말하지만 요셉은 은잔이 발견된 베냐민만 종이 되고 10명의 형제는 아버지께로 평안히 돌아가라고 말합니다. 이 때 유다의 마음은 어땠을까요?

4. 유다는 만약 베냐민을 아버지께로 데려가지 않으면 아버지 야곱은 베냐민이 없음을 보고 흰 머리로 슬퍼하며 돌아가시게 될 것이라고 말합니다. 이 말을 들은 요셉의 마음은 어땠을까요?

5. 유다가 베냐민을 대신해서 종이 되겠다는 말을 들었을 때, 다른 형제들의 마음은 어땠을까요?

【목요일 말씀 묵상-더 깊이 들여다 보기】

본문의 내용을 정리하고, 비교하며, 심층적으로 분석하여 충실하게 하나님의 말씀을 묵상해 보세요.

◎ 본문 말씀을 3번 이상 "정독" 후 답해보세요.

1. 베냐민의 자루에서 요셉의 은잔을 발견한 유다는 요셉에게 모든 형제들이 노예가 되겠다고 말하지만 요셉은 은잔이 발견된 자루의 주인인 베냐민만 종이 되고 나머지 형제들은 평안히 돌아갈 것을 말합니다. 이렇게 요셉이 유다에게 말한 숨은 의도는 무엇일까요?

2. 본문의 18-34절은 요셉을 향한 유다의 눈물어린 호소입니다. 이 부분은 세 부분으로 구성되어 있습니다. 각 부분을 나누고 요약해 보세요. 그리고 그렇게 간청하는 유다의 심정은 어땠을까요?

	본문(18-34절)	요약
첫 번째 부분		
두 번째 부분		
세 번째 부분		
유다의 심정		

3. 창세기 37:26-28에서의 유다의 모습과 오늘 본문에서의 유다의 모습은 어떤 차이가 있나요?
※창세기 37:26-28 유다가 자기 형제에게 이르되 우리가 우리 동생을 죽이고 그의 피를 덮어둔들 무엇이 유익할까. 자 그를 이스마엘 사람들에게 팔고 그에게 우리 손을 대지 말자 그는 우리의 동생이요 우리의 혈육이니라 하매 그의 형제들이 청종하였더라. 그 때에 미디안 사람 상인들이 지나가고 있는지라 형들이 요셉을 구덩이에서 끌어올리고 은 이십에 그를 이스마엘 사람들에게 팔매 그 상인들이 요셉을 데리고 애굽으로 갔더라

4. 오늘 본문 말씀 중에 가장 중요한 장면은 어떤 장면인가요? 그리고 그 이유는 무엇인가요?

【금요일 말씀 묵상-말씀에로 삶을 끌어가기】

나의 삶에 하나님의 말씀을 맞추지 말고, 하나님의 말씀에 나의 삶을 맞춰 보세요.

◎ 본문 말씀을 3번 이상 "정독" 후 답해보세요.

1. 유다는 총리인 요셉 앞에서 죽음을 각오하고 자신이 처한 상황과 입장을 두려움 가운데 눈물로 호소합니다. 지금 내가 처한 상황 속에서 죽음을 각오하고 눈물로 호소하며 지켜야 할 것은 무엇인가요? 그것은 무엇을 위한, 누구를 위한 호소인가요?

2. 성경에서 한 사람이 다른 사람의 몫을 대신하겠다고 나선 일은 유다가 처음입니다. 요셉을 상인들에게 파는 일에 앞장섰던 유다는 어느덧 온 가족과 아버지를 걱정하는 멋진 '맏형'이 되었습니다. 특히 유다는 아버지가 자기보다 더 좋아하는 동생을 위해 자신을 희생하겠다고 결단하고 행하는 질투를 초월한 사람이 되었습니다. 이렇게 유다를 변화시키신 하나님께서는 오늘 우리도 그렇게 변화되길 원하십니다. 이전의 나의 연약한 부분을 하나님 앞에 고백하고 예수님을 닮아가는 삶을 살도록 기도문을 써 보세요.

_____

_____

3. 요셉은 유다를 통해서 아버지의 소식을 처음 듣게 되었습니다. 형들을 통해 이집트로 팔려온 처음 14년은 노예 생활로 인해 고향에 소식을 전할 수 없었던 상황이었지만, 이집트 총리로 지낸 지난 9년 동안은 마음만 먹으면 얼마든지 연락할 수 있었습니다. 하지만 요셉은 아버지에게 어떤 연락도 하지 않았습니다. 부모님과 함께 살기 때문에, 혹은 언제든지 부모님께 연락을 드릴 수 있기 때문에 나의 속마음을 부모님께 전하지 못하고 있진 않나요? 사랑하는 부모님께 나의 속마음을 기록해 보세요. 그리고 예쁜 엽서나 편지에 옮겨 적어 부모님께 전해보세요.

_____

_____

【토요일 말씀 묵상-말씀을 삶을 증명하기】 하나님의 말씀에 나의 삶을 맞춰 보세요.

※[참고] 가정에서 드리는 예배 순서 : 사도신경-찬송-기도(기도자)-말씀읽기/나눔-기도(합심/인도자)-주기도문

예배 준비 -인도자/예배자는 미리 예배를 준비합니다.	예배를 위한 기도 -인도자/기도자 미리 기도를 준비하세요!
□ 성경, 찬송 준비하기 □ 기도문 쓰기 □ 나눔 질문 미리하기 □ 찬송가 _____장	
사도신경(개역개정)	
사도신경을 보고 함께 읽으며 나의 신앙을 고백합니다.	
말씀 -한 절씩 돌아가면서 읽습니다. 그리고 함께 하눕니다.	
나눔 질문 · 말씀 속에서 가장 기억에 남는 장면은 무엇인가요?	
· 말씀을 통해 깨닫게 된 것은 무엇인가요?	**주기도문(개역개정)** - 함께 읽으며 기도합니다.
· 깨달은 말씀대로 살도록 적용해 보세요. (구체적으로, 실현 가능, 점검 가능) □ □ □ 나눔 메모	하늘에 계신 우리 아버지, 아버지의 이름을 거룩하게 하시며 아버지의 나라가 오게 하시며, 아버지의 뜻이 하늘에서와 같이 땅에서도 이루어지게 하소서. 오늘 우리에게 일용할 양식을 주시고, 우리가 우리에게 잘못한 사람을 용서하여 준 것 같이, 우리 죄를 용서하여 주시고, 우리를 시험에 빠지지 않게 하시고 악에서 구하소서. 나라와 권능과 영광이 영원히 아버지의 것입니다. 아멘.

【주일 말씀 묵상 - 하나님 말씀에 집중하기】

목사님을 통해 나에게 말씀하시는 하나님의 말씀에 집중해 보세요.

□ 제목 :

□ 본문 :   □ 설교자 :

설교내용	느끼고 깨달은 말씀

결론	그러면 나는 어떻게 살 것인가?
	□ □ □

말씀묵상

요셉1

말씀묵상-요셉1(창세기 37:1-11)

감사일기1

날짜		날씨		날짜		날씨	

☒ 감사제목	☒ 감사제목
·	·
·	·
·	·

날짜		날씨		날짜		날씨	

☒ 감사제목	☒ 감사제목
·	·
·	·
·	·

말씀묵상-요셉1(창세기 37:1-11)

감사일기2

날짜		날씨		날짜		날씨	

☒ 감사제목	☒ 감사제목
.	.
.	.
.	.

날짜		날씨		🍎 한 주간 동안의 일을 정리해 보세요.

☒ 감사제목	☒ 한 주간 동안의 감사제목!!
.	.
.	.
.	.

이번 주 말씀 : 창세기 37:1~11

1.야곱이 가나안 땅 곧 그의 아버지가 거류하던 땅에 거주하였으니

2.야곱의 족보는 이러하니라 요셉이 십칠 세의 소년으로서 그의 형들과 함께 양을 칠 때에 그의 아버지의 아내들 빌하와 실바의 아들들과 더불어 함께 있었더니 그가 그들의 잘못을 아버지에게 말하더라

3.요셉은 노년에 얻은 아들이므로 이스라엘이 여러 아들들보다 그를 더 사랑하므로 그를 위하여 채색옷을 지었더니

4.그의 형들이 아버지가 형들보다 그를 더 사랑함을 보고 그를 미워하여 그에게 편안하게 말할 수 없었더라

5.요셉이 꿈을 꾸고 자기 형들에게 말하매 그들이 그를 더욱 미워하였더라

6.요셉이 그들에게 이르되 청하건대 내가 꾼 꿈을 들으시오

7.우리가 밭에서 곡식 단을 묶더니 내 단은 일어서고 당신들의 단은 내 단을 둘러서서 절하더이다

8.그의 형들이 그에게 이르되 네가 참으로 우리의 왕이 되겠느냐 참으로 우리를 다스리게 되겠느냐 하고 그의 꿈과 그의 말로 말미암아 그를 더욱 미워하더니

9.요셉이 다시 꿈을 꾸고 그의 형들에게 말하여 이르되 내가 또 꿈을 꾼즉 해와 달과 열한 별이 내게 절하더이다 하니라

10.그가 그의 꿈을 아버지와 형들에게 말하매 아버지가 그를 꾸짖고 그에게 이르되 네가 꾼 꿈이 무엇이냐 나와 네 어머니와 네 형들이 참으로 가서 땅에 엎드려 네게 절하겠느냐

11.그의 형들은 시기하되 그의 아버지는 그 말을 간직해 두었더라

말씀을 오감으로 느껴보는 시간입니다. 말씀을 생각하기보다 온몸으로 느껴보세요.

◎ 본문 말씀을 빠르게 읽은 후 답해보세요.

● 본문을 읽으며 요셉이 꾼 꿈을 상상하며 그려보세요.

● 나의 느낌을 따라 본문 말씀의 제목을 지어보세요(깊이 고민하지 말고, 본인의 느낌대로!!).

◎ 본문 말씀을 3번 이상 "정독" 후 답해보세요.

● 본문 말씀 내에 등장하는 배역들과 숨겨진 배역들을 생각나는대로 써보세요.

● "요셉"하면 떠오르는 이미지를 적어보세요.

【화요일 말씀 묵상-말씀 그대로 보기】

말씀에 내 생각을 보태거나 빼지 말고 말씀을 말씀 그대로 이해해 보세요.

◎ 본문 말씀을 3번 이상 "정독" 후 답해보세요.

1. 본문에서 야곱은 어디에 거주하고 있나요?(1절)

2. 요셉이 빌하와 실바의 아들들과 함께 있으면서 어떤 행동을 했나요?(2절)

3. 야곱은 요셉을 위해 무엇을 지었나요?(3절)

4. 요셉의 형들은 요셉을 어떻게 생각했나요?(4절)

5. 요셉이 꿈을 형들에게 말했을 때 형들의 반응은 어땠나요?(5절)

6. 요셉은 어떤 꿈을 꿨나요?(7절)

7. 요셉은 또 어떤 꿈을 꿨나요?(9절)

8. 요셉의 꿈에 대한 이야기를 들은 형들의 반응은 어땠나요?(10절)

9. 요셉의 꿈 이야기를 들은 야곱의 반응은 어땠나요?(11절)

말씀 속 인물들의 마음을 헤아려 보고, 본문의 앞 뒤 문맥과 상황들을 살펴보세요.

◎ 본문 말씀을 3번 이상 "정독" 후 답해보세요

1. 야곱은 왜 요셉에게만 채색옷을 지어주었을까요?

2. 혼자만 멋진 채색옷을 입은 요셉을 보는 형들의 마음은 어땠을까요?

3. 형들의 곱지 않은 시선과 불편한 말투를 한 몸에 받고있는 요셉의 마음은 어땠을까요?

4. 요셉이 형들에게 자신의 꿈 이야기를 했던 이유는 무엇일까요?

5. 요셉의 꿈 이야기를 들은 형들의 마음은 어땠을까요?

6. 요셉의 꿈 이야기를 들은 야곱의 마음은 어땠을까요?

【목요일 말씀 묵상-더 깊이 들여다 보기】

본문의 내용을 정리하고, 비교하며, 심층적으로 분석하여 충실하게 하나님의 말씀을 묵상해 보세요.

◎ 본문 말씀을 3번 이상 "정독" 후 답해보세요.

1. 본문에는 두 가지의 이야기가 나옵니다. 두 이야기를 구분하고 각각의 이야기를 한 문장으로 요약해 보세요.

2. 요셉과 요셉의 형들 사이에서의 갈등의 원인은 무엇인가요? 왜 그렇게 생각하나요?

3. 요셉이 꾼 꿈을 나의 방법대로 해석해 보세요.

4. 요셉에 대해 많은 사람들이 '꿈의 사람 요셉'이라고 말합니다. 본문에 나오는 요셉이 꾼 꿈 말고도 다른 사람이 꾼 꿈을 해석해 주는 장면이 나옵니다. 다음 참고 말씀을 확인하고 꿈에 대한 빈칸을 채워보세요.

장소	성경 말씀 (창세기)	꿈 내용	해석
가나안땅	37:5-8	형들의 단이 일어서서 요셉의 단에 절을 함	요셉이 형들을 다스리게 됨
	37:9-11	해와 달과 열한 별이 요셉에게 절을 함	부모 및 형들이 그를 경배하게 됨
감옥	40:9-13		
	40:16-19		
왕궁	41:17-21		
	41:22-24		

5. 하나님께서 요셉에게 꿈을 꾸게 하셨던 것처럼 하나님께서는 우리에게도 각각 다른 은사를 주셨습니다. 하나님께서 나에게 주신 은사는 무엇인가요?

【금요일 말씀 묵상-말씀에로 삶을 끌어가기】

나의 삶에 하나님의 말씀을 맞추지 말고, 하나님의 말씀에 나의 삶을 맞춰 보세요.

◎ 본문 말씀을 3번 이상 "정독" 후 답해보세요.

1. 요셉은 자신이 꾼 꿈이 화근이 되어 노예의 신분으로 애굽으로 팔려가게 됩니다. 요셉이 애굽으로 팔려가게 된 데에는 순간적인 분노를 다스리지 못한 형들의 잘못이 크지만 형들을 배려하지 않고 자신의 꿈에 대해 너무 솔직하게(?) 이야기한 요셉에게도 어느 정도의 책임이 있습니다. 요셉이 꾼 꿈은 하나님께서 꾸게 하신 것이지만 그 꿈을 잘 다스리지 못해 오히려 화를 입게 되었습니다. 하나님께서 나에게 주신 은사는 무엇이고 그것을 잘 다스리기 위해서는 어떻게 해야 할까요?(혹시 아직 하나님께서 주신 은사가 무엇인지 잘 모르겠는 사람은 은사를 사모하는 기도문을 적어 보세요.)

2. 요셉이 형들의 미움을 사게 된 이유를 아버지 야곱에게서 찾을 수 있습니다. 야곱은 요셉에게 형들의 잘못에 대해 이야기하는 것을 허용했고, 다른 아들들보다 요셉을 편애하였습니다. 형들 입장에서는 자신들의 실수와 잘못을 아버지 야곱에게 고자질하는 요셉이 미울 수 밖에 없었을 것이고, 자신들과 요셉을 차별하는 아버지의 모습을 통해 질투와 시기가 마음에 가득했을 것입니다. 그 결과 형들과 요셉의 관계는 돌이킬 수 없는 극한으로 치닫게 되고 결국 요셉은 노예로 팔려가게 되었습니다. 다른 사람들의 실수와 허물을 볼 때 어떻게 해야 할까요? 다른 사람들이 또 다른 사람들의 약점을 나에게 늘어놓을 때 나는 어떻게 해야 할까요? 편애하지 않기 위해서 나는 어떻게 해야 할까요?

3. 요셉이 꾼 꿈은 '개꿈(?)'이 아니라 '하나님께서 주신 꿈'이었습니다. 하나님께서 요셉에게 꾸게하신 꿈에 대해 요셉의 형들은 시기하였고, 아버지 야곱은 아들 요셉의 꿈을 간직해 두었습니다. 혹시 하나님의 말씀을 묵상하거나 읽거나 설교를 들을 때, 그 말씀이 나에게 불편함으로 다가온 적이 있진 않나요? 그 때 나는 어떻게 반응했나요? 그리고 본문을 통해 볼 때 어떻게 반응해야 할까요?

【토요일 말씀 묵상-말씀을 삶을 증명하기】 하나님의 말씀에 나의 삶을 맞춰 보세요.

※[참고] 가정에서 드리는 예배 순서 : 사도신경-찬송-기도(기도자)-말씀읽기/나눔-기도(합심/인도자)-주기도문

예배 준비 -인도자/예배자는 미리 예배를 준비합니다.	예배를 위한 기도 -인도자/기도자 미리 기도를 준비하세요!
☐ 성경, 찬송 준비하기	
☐ 기도문 쓰기	
☐ 나눔 질문 미리하기	
☐ 찬송가 _____장	

사도신경(개역개정)	
사도신경을 보고 함께 읽으며 나의 신앙을 고백합니다.	

말씀 -한 절씩 돌아가면서 읽습니다. 그리고 함께 하눕니다.	

나눔 질문
· 말씀 속에서 가장 기억에 남는 장면은 무엇인가요?

· 말씀을 통해 깨닫게 된 것은 무엇인가요?

주기도문(개역개정)
- 함께 읽으며 기도합니다.

· 깨달은 말씀대로 살도록 적용해 보세요.
(구체적으로, 실현 가능, 점검 가능)

☐

☐

☐

나눔 메모

하늘에 계신 우리 아버지,
아버지의 이름을 거룩하게 하시며
아버지의 나라가 오게 하시며,
아버지의 뜻이 하늘에서와 같이
땅에서도 이루어지게 하소서.
오늘 우리에게 일용할 양식을 주시고,
우리가 우리에게 잘못한 사람을
용서하여 준 것 같이,
우리 죄를 용서하여 주시고,
우리를 시험에 빠지지 않게 하시고
악에서 구하소서.
나라와 권능과 영광이
영원히 아버지의 것입니다.
아멘.

【주일 말씀 묵상 – 하나님 말씀에 집중하기】

목사님을 통해 나에게 말씀하시는 하나님의 말씀에 집중해 보세요.

□ 제목 :

□ 본문 :   □ 설교자 :

설교내용	느끼고 깨달은 말씀

결론	그러면 나는 어떻게 살 것인가?
	□ □ □

말씀묵상

요셉2

말씀묵상-요셉2(창세기 50:1-26)

감사일기1

날짜		날씨		날짜		날씨	

⊠ 감사제목	⊠ 감사제목
.	.
.	.
.	.

날짜		날씨		날짜		날씨	

⊠ 감사제목	⊠ 감사제목
.	.
.	.
.	.

말씀묵상-요셉2(창세기 50:1-26)

감사일기2

날짜	°	날씨		날짜			날씨	

☒ 감사제목	☒ 감사제목
·	·
·	·
·	·

날짜		날씨		🍎 한 주간 동안의 일을 정리해 보세요.

☒ 감사제목	☒ 한 주간 동안의 감사제목!!
·	·
·	·
·	·

이번 주 말씀 : 창세기 50:1-26

1.요셉이 그의 아버지 얼굴에 구푸려 울며 입맞추고 2.그 수종 드는 의원에게 명하여 아버지의 몸을 향으로 처리하게 하매 의원이 이스라엘에게 그대로 하되 3.사십 일이 걸렸으니 향으로 처리하는 데는 이 날수가 걸림이며 애굽 사람들은 칠십 일 동안 그를 위하여 곡하였더라 4.곡하는 기한이 지나매 요셉이 바로의 궁에 말하여 이르되 내가 너희에게 은혜를 입었으면 원하건대 바로의 귀에 아뢰기를 5.우리 아버지가 나로 맹세하게 하여 이르되 내가 죽거든 가나안 땅에 내가 파 놓은 묘실에 나를 장사하라 하였나니 나로 올라가서 아버지를 장사하게 하소서 내가 다시 오리이다 하라 하였더니 6.바로가 이르되 그가 네게 시킨 맹세대로 올라가서 네 아버지를 장사하라 7.요셉이 자기 아버지를 장사하러 올라가니 바로의 모든 신하와 바로 궁의 원로들과 애굽 땅의 모든 원로와 8.요셉의 온 집과 그의 형제들과 그의 아버지의 집이 그와 함께 올라가고 그들의 어린 아이들과 양 떼와 소 떼만 고센 땅에 남겼으며 9.병거와 기병이 요셉을 따라 올라가니 그 떼가 심히 컸더라 10.그들이 요단 강 건너편 아닷 타작 마당에 이르러 거기서 크게 울고 애통하며 요셉이 아버지를 위하여 칠 일 동안 애곡하였더니 11.그 땅 거민 가나안 백성들이 아닷 마당의 애통을 보고 이르되 이는 애굽 사람의 큰 애통이라 하였으므로 그 땅 이름을 아벨미스라임이라 하였으니 곧 요단 강 건너편이더라 12.야곱의 아들들이 아버지가 그들에게 명령한 대로 그를 위해 따라 행하여 13.그를 가나안 땅으로 메어다가 마므레 앞 막벨라 밭 굴에 장사하였으니 이는 아브라함이 헷 족속 에브론에게 밭과 함께 사서 매장지를 삼은 곳이더라 14.요셉이 아버지를 장사한 후에 자기 형제와 호상꾼과 함께 애굽으로 돌아왔더라 15.요셉의 형제들이 그들의 아버지가 죽었음을 보고 말하되 요셉이 혹시 우리를 미워하여 우리가 그에게 행한 모든 악을 다 갚지나 아니할까 하고 16.요셉에게 말을 전하여 이르되 당신의 아버지가 돌아가시기 전에 명령하여 이르시기를 17.너희는 이같이 요셉에게 이르라 네 형들이 네게 악을 행하였을지라도 이제 바라건대 그들의 허물과 죄를 용서하라 하셨나니 당신 아버지의 하나님의 종들인 우리 죄를 이제 용서하소서 하매 요셉이 그들이 그에게 하는 말을 들을 때에 울었더라 18.그의 형들이 또 친히 와서 요셉의 앞에 엎드려 이르되 우리는 당신의 종들이니이다 19.요셉이 그들에게 이르되 두려워하지 마소서 내가 하나님을 대신하리이까 20.당신들은 나를 해하려 하였으나 하나님은 그것을 선으로 바꾸사 오늘과 같이 많은 백성의 생명을 구원하게 하시려 하셨나니 21.당신들은 두려워하지 마소서 내가 당신들과 당신들의 자녀를 기르리이다 하고 그들을 간곡한 말로 위로하였더라 22.요셉이 그의 아버지의 가족과 함께 애굽에 거주하여 백십 세를 살며 23.에브라임의 자손 삼대를 보았으며 므낫세의 아들 마길의 아들들도 요셉의 슬하에서 양육되었더라 24.요셉이 그의 형제들에게 이르되 나는 죽을 것이나 하나님이 당신들을 돌보시고 당신들을 이 땅에서 인도하여 내사 아브라함과 이삭과 야곱에게 맹세하신 땅에 이르게 하시리라 하고 25.요셉이 또 이스라엘 자손에게 맹세시켜 이르기를 하나님이 반드시 당신들을 돌보시리니 당신들은 여기서 내 해골을 메고 올라가겠다 하라 하였더라 26.요셉이 백십 세에 죽으매 그들이 그의 몸에 향 재료를 넣고 애굽에서 입관하였더라

말씀을 오감으로 느껴보는 시간입니다. 말씀을 생각하기보다 온몸으로 느껴보세요.

◎ 본문 말씀을 빠르게 읽은 후 답해보세요.

● 본문을 읽으며 요셉이 야곱을 장사지내는 장면을 상상하며 그려보세요(글로 묘사해도 좋아요).

● 나의 느낌을 따라 본문 말씀의 제목을 지어보세요(깊이 고민하지 말고, 본인의 느낌대로!!!).

◎ 본문 말씀을 3번 이상 "정독" 후 답해보세요.

● 본문 말씀 내에 등장하는 배역들과 숨겨진 배역들을 생각나는대로 써보세요.

● '가족'을 떠올리면 무엇이 생각나나요?

【화요일 말씀 묵상-말씀 그대로 보기】

말씀에 내 생각을 보태거나 빼지 말고 말씀을 말씀 그대로 이해해 보세요.

◎ 본문 말씀을 3번 이상 "정독" 후 답해보세요.

1. 요셉이 그의 아버지 야곱의 얼굴에 구푸려 울며 입맞추고 수종드는 의원들에게 명하여아버지(야곱)의 몸을 향으로 처리하게 하는데 얼마나 많은 시간이 걸렸나요? 그리고 애굽 사람들은 야곱을 위해 며칠 동안 곡했나요?(1-3절)

2. 곡하는 기한이 지나 요셉이 바로에게 간청한 내용은 무엇인가요?(5절) 그리고 요셉의 간청에 대한 바로의 반응은 어땠나요?(6절)

3. 요셉이 아버지 야곱을 장사하러 올라갈 때 누가 함께 했나요?(7-9절)

4. 요단 강 건너편 아닷 타작 마당에 이르러 거기서 크게 울고 7일 동안 애곡했는데 그땅 거민 가나안 백성들이 아닷 마당의 애통을 보고 애굽 사람의 큰 애통이라 하여 그 땅 이름을 무엇이라고 불렀나요?(10-11절)

5. 야곱이 명령한 대로 야곱의 아들들이 야곱을 장사한 곳은 어디인가요?(13절)

6. 요셉의 형제들이 그들의 아버지가 죽었음을 보고 걱정한 이유는 무엇인가요?(15절)

7. 요셉의 형제들이 요셉에게 "네 형들이 네게 악을 행하였을지라도 이제 바라건대 그들의 허물과 죄를 용서하라."는 아버지의 명령을 전하며 자신들의 죄에 대한 용서를 구합니다. 이에 대한 요셉의 반응은 무엇이었나요?(16-17절)

8. 요셉 자신 앞에 엎드려 "우리는 당신의 종들이니이다."라고 말하는 형들에게 요셉의 대답입니다. 빈칸을 채워보세요.(19-21절)

"요셉이 그들에게 이르되 두려워하지 마소서 내가 (   )을 대신하리이까.
  당신들은 나를 (   ) 하였으나 하나님은 그것을 (   ) 바꾸사
  오늘과 같이 많은 백성의 (   )을 구원하게 하시려 하셨나니
  당신들은 (   ) 마소서 내가 당신들과 당신들의 자녀를 (   ) 하고
  그들을 간곡한 말로 (   )하였더라

9. 요셉이 죽을 때에 그의 형제들에게 말한 내용을 찾아 밑줄을 쳐보세요.(24절)
  요셉이 이스라엘 자손에게 무엇을 맹세시키나요?(25절)

10. 요셉은 몇 세에 죽게 되나요?(26절)

【수요일 말씀 묵상-숨겨진 것 찾아 보기】

말씀 속 인물들의 마음을 헤아려 보고, 본문의 앞 뒤 문맥과 상황들을 살펴보세요.

◎ 본문 말씀을 3번 이상 "정독" 후 답해보세요

1. 요셉의 아버지인 야곱이 죽었는데 왜 애굽 사람들이 70일 동안이나 곡했을까요?

2. 요셉과 요셉의 형제들은 어떤 마음으로 아버지의 장례를 치렀을까요?

3. 야곱의 장례를 치르기 위해 가나안으로 떠나는 요셉을 따라 나선 사람들과 성대한 장례를 지켜보는 가나안 사람들은 어떤 생각을 했을까요?

4. 아버지 야곱의 장례를 마친 후, 요셉의 형제들의 마음은 어땠을까요?

5. 자신의 형제들을 위로하는 요셉의 마음은 어땠을까요?

6. 야곱의 장례의 절차와 장례 후 요셉과 요셉의 형제들과의 대화 속에 함께 하신 하나님의 마음은 어땠을까요?

본문의 내용을 정리하고, 비교하며, 심층적으로 분석하여 충실하게 하나님의 말씀을 묵상해 보세요.

◎ 본문 말씀을 3번 이상 "정독" 후 답해보세요.

1. 지난 주와 이번 주의 본문을 통해 볼 때, 나에게 있어서 요셉은 어떤 사람인가요?

2. 야곱도 요셉도 가나안 땅에 장사되기를 원했던 이유는 무엇일까요?

3. 본문 속에서 볼 때 요셉의 형제들이 생각했던 요셉의 성품과 요셉의 실제 성품에 대해 비교해보고 그 이유에 대해서도 생각해 보세요(생각만 하지 말고 기록도 해보세요~^^).

4. 요셉의 형제들은 요셉에 대한 과거의 죄 때문에 두려움에 떨었습니다. 요셉은 두려움에 떨고 있는 그의 형제들을 용서하고 위로합니다. 16-21절의 말씀을 다시 읽고 용서와 위로에 대해 자신의 언어로 정의해 보세요.

    "용서란?"   "위로란?"

5. 요셉은 하나님께서 그의 형제들과 이스라엘 자손들을 돌보실 뿐만 아니라 그들을 인도하여 아브라함과 이삭과 야곱에게 맹세하신 땅에 이르게 하실 것이라는 사실에 대한 확신이 있었습니다. 이처럼 요셉이 확신할 수 있었던 이유는 무엇일까요?

【금요일 말씀 묵상-말씀에로 삶을 끌어가기】

나의 삶에 하나님의 말씀을 맞추지 말고, 하나님의 말씀에 나의 삶을 맞춰 보세요.

◎ 본문 말씀을 3번 이상 "정독" 후 답해보세요.

1. 요셉의 형제들이 자신들의 죄로 인해 요셉을 오해했던 것처럼 혹시 나의 죄와 허물로 인해 다른 사람을 판단하고 정죄하고 편견을 가지고 대했던 적은 없나요? 그렇다면 그 사람에 대한 진심어린 사과문을 만들고 전해보세요.

To.

2. 자신들의 죄로 두려움에 떨고 있는 요셉의 형제들에게 요셉은 따뜻한 용서와 위로의 마음을 전합니다. "용서"와 "위로"에 대한 나만의 정의를 용서와 위로의 대상에게 구체적인 실천으로 옮겨보세요.

"용서하기!!"	"위로하기"
Who?	Who?
When?	When?
Where?	Where?
How?	How?

3. 요셉은 자신이 자신의 형제들과 이스라엘 자손들을 돌보는 것이 아니라 자신을 통해 하나님께서 그들을 돌보셨고, 자신이 죽고 난 후에도 하나님께서 여전히 그들을 돌보실 것이라는 확신이 있었습니다. 뿐만 아니라 지금 머물고 있는 애굽에서 영원히 사는 것이 아니라 아브라함과 이삭과 야곱을 통해 약속하신 하나님께서 가나안 땅으로 인도하실 것에 대한 확신이 있었습니다. 요셉과 그의 형제들을 돌보셨던 하나님께서 지금 나와 함께하시며 돌보시고 계십니다. 여전히 애굽에 머물고 있던 요셉의 형제들과 이스라엘 백성들을 가나안 땅으로 이끄셨던 하나님께서 나를 약속의 땅으로 이끄시고 계십니다. 그렇다면 나를 돌보시고 나를 이끄시는 하나님 앞에서 지금 내가 할 수 있는 것은 무엇인가요?

【토요일 말씀 묵상-말씀을 삶을 증명하기】 하나님의 말씀에 나의 삶을 맞춰 보세요.

※[참고] 가정에서 드리는 예배 순서 : 사도신경-찬송-기도(기도자)-말씀읽기/나눔-기도(합심/인도자)-주기도문

예배 준비 -인도자/예배자는 미리 예배를 준비합니다.	예배를 위한 기도 -인도자/기도자 미리 기도를 준비하세요!
□ 성경, 찬송 준비하기	
□ 기도문 쓰기	
□ 나눔 질문 미리하기	
□ 찬송가 _____장	

사도신경(개역개정)

사도신경을 보고 함께 읽으며 나의 신앙을 고백합니다.

말씀

-한 절씩 돌아가면서 읽습니다. 그리고 함께 하눕니다.

나눔 질문

· 말씀 속에서 가장 기억에 남는 장면은 무엇인가요?

· 말씀을 통해 깨닫게 된 것은 무엇인가요?

주기도문(개역개정)
- 함께 읽으며 기도합니다.

· 깨달은 말씀대로 살도록 적용해 보세요.
  (구체적으로, 실현 가능, 점검 가능)

□

□

□

하늘에 계신 우리 아버지,
아버지의 이름을 거룩하게 하시며
아버지의 나라가 오게 하시며,
아버지의 뜻이 하늘에서와 같이
땅에서도 이루어지게 하소서.
오늘 우리에게 일용할 양식을 주시고,
우리가 우리에게 잘못한 사람을
용서하여 준 것 같이,
우리 죄를 용서하여 주시고,
우리를 시험에 빠지지 않게 하시고
악에서 구하소서.
나라와 권능과 영광이
영원히 아버지의 것입니다.
아멘.

나눔 메모

【주일 말씀 묵상 – 하나님 말씀에 집중하기】
목사님을 통해 나에게 말씀하시는 하나님의 말씀에 집중해 보세요.

□ 제목 :

□ 본문 :   □ 설교자 :

설교내용	느끼고 깨달은 말씀

결론	그러면 나는 어떻게 살 것인가?
	□ □ □

주님
생각
인물-1

초판 1쇄 발행 2025. 01. 10.

지은이   황사무엘

펴낸이   황사무엘
펴낸곳   글로벌비전아카데미
주 소   경기도 수원시 팔달구 인계로 124번길 19(인계동) 9층 909호
전 화   010-2175-7282
이메일   shallom1207@hanmail.net
등 록   2024년 01월 16일
창립일   2024년 01월 16일

제 작   도서출판 소망
주 소   10252 경기도 고양시 일산동구 고봉로 776-92
전 화   031-976-8970
팩 스   031-976-8971
이메일   somangsa77@daum.net
등 록   (제48호) 2015년 9월 16일

ISBN   979-11-990211-1-2 03230
책값은 뒤표지에 있습니다.